KULINARISCHES FRANKEN
FÜR WEIN- UND BIERLIEBHABER

Ute Elsner-Link & Robert Link · Martina Braun

KULINARISCHES FRANKEN
FÜR WEIN- UND BIERLIEBHABER

UMSCHAU

INHALT

ÜBERSICHTSKARTE FRANKEN		8
VORWORT		10
FRANKENS BIERE – DER HOPFEN IM JAHRESLAUF		14
Hopfenverwertungsgenossenschaft		18
Stadt Spalt		20
Stadtbrauerei Spalt		22
VON ELLINGEN ÜBER SCHWABACH NACH NÜRNBERG		24
Fürstliches Brauhaus		27
Schlossbräustübl		28
Sommerkeller		29
Hotel & Restaurant Burg Abenberg *Hubertusteller*		30
Goldener Stern *Rehrücken auf Waldpilzrisotto*		34
Hotel-Restaurant Daucher		36
Beim Königshof *Mit Chorizo gefüllte Maispoulardenbrust auf Bohnengemüse mit Kartoffelgnocchi und weißem Tomatenschaum*		38
Nürnberger Altstadthof *Vier in Bier*		40
Aischgründer Bierstraße		42
Naturpark Steigerwald		44
Arnsteiner Brauerei Max Bender		46
Alte Brennerei Wecklein		48
HerzogsPark • *Tiramisu vom Matjes* • *Seeteufel an der Gräte gebraten mit Muscheln und Fenchel in Safran-Gewürzsud*		50
FRÄNKISCHE BIERTRADITION		54
Bootshaus im Hain		58
Privater Brauereigasthof Will *Kochkäse*		60
Zur Sonne *Wildschweinbraten*		62
Brauerei Hetzel OHG		64
Privatbrauerei Peter		66
FEIERNDES FRANKEN – KULTUR & TRADITION *Fränkische Küchle*		68

INHALT

Goldener Löwe 72
Weißbier-Cremeeis

Schwenk-Saal 74
Schäufele mit grünen Klößen und Schlappkraut

Opel's Sonnenhof 76
Wallerfilet „Winzerin" auf Speck-Lauch-Gemüse mit Salzkartoffeln

Waldsteinhaus 78

Landgasthof Haueis 80
Forellenfilet mit Dillsauce

Zum Alten Schloss 82
Schweinefilet und Riesengarnelen in Kräutern gebraten mit Safranschaum und Balsamico

Reuthof 84
Grillen auf dem heißen Stein

Herrmann's Romantik 86
Posthotel & Restaurant
Riesengarnelen auf Weißwein-Vanille-Zwiebeln

FRÄNKISCHE 88
WEINTRADITION

Hotel-Restaurant Kolb 92
Erec's Domina-Wildsau

Das Weinhaus 94
Anton Nüsslein

Zur Krone 96
Filet von Main-Hecht unter Sesamkruste an Schaum von schwarzem Rettich, Roter Beete aus Karamel-Balsamico-Sud

Landhotel Neuses 98

Schwab's Landgasthof 100
Geschmortes Rehschäufele

VON VOLKACH NACH 102
WÜRZBURG

Weingut Max Müller I 106

Zum Lamm 110
Lammrücken mit Rosmarin, mediterranem Gemüse und Kartoffelgratin

Weinhaus Stachel	112
Hirschrücken aus dem Spessart mit Dettelbacher Muskazinenkruste & Schokoladensoße	
Schloss Steinburg	114
Delice von schwarzer Jakobsmuschel, Crunchy Garnele und Speckzander	
FRANKENS WEINE IM JAHRESLAUF	116
Zum Falken	120
Krone	122
Wildentenbrust auf Schupfnudeln und Orangensoße	
Tabakhaus Magne Falkum	124
Schafhof	126
Gefülltes Lammkarree mit gefüllter Zucchiniblüte	
Weingut Stich im Löwen	128
Landhaus Adler	130
Bachsaiblingfilet mit Gemüseschuppen und Kräutern im Pergament gedünstet	
FRÄNKISCHE KÜCHE	132
Seehotel	134
Spieß von Jakobsmuschel und Vanille an Limettenspaghetti mit Tomaten-Pinienkernbutter	
Hofgut Hörstein	136
Hotel-Restaurant Käfernberg	137
Jakobsmuscheln auf Lauch-Spinat-Gemüse & Safranschaum	
Schlossberg	138
Landgasthof Behl	140
Rehrücken mit Holunder-Quittensoße	
Schloss Saaleck	142
Gefülltes Rhöner Haustäubchen	
KULINARISCHE EMPFEHLUNGEN	144
VERZEICHNIS DER REZEPTE	148

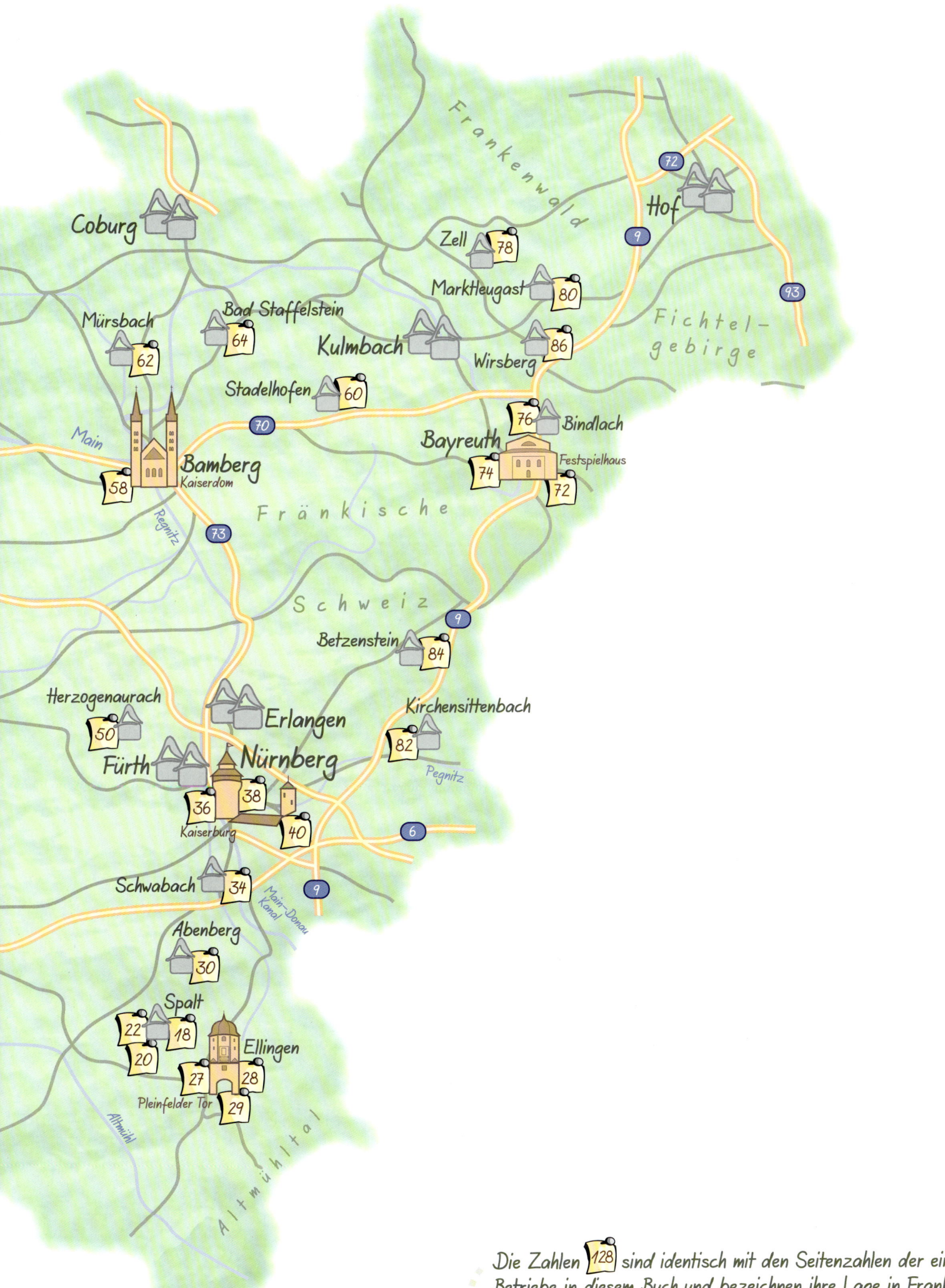

VORWORT

Franken hält viele Überraschungen parat - und das in vielerlei Hinsicht.
In dem knappen Jahr, in dem wir mit Papier, Stift und Kamera unterwegs waren, hatten wir als eingespieltes Team großen Spaß daran, die Kreativität der Fränkischen Küche zu entdecken.
Wir haben uns dieser spannenden Herausforderung gerne und mit viel Leidenschaft gestellt und hoffen, Sie mit unserer Liebe zu Franken anzustecken.
Begleiten Sie uns auf unserer Entdeckungsreise durch die verschiedensten fränkischen Küchen und Regionen.
Auf unserer kulinarischen Reise durch Wein- und Bierfranken sind wir auf Köche gestoßen, denen man die große Leidenschaft für fantasievolle Küche bei jeder Geste und bei jedem Wort anmerkt.
In Franken sind traditionsreiche Gerichte wie das Schäufele, die Rostbratwurst oder Fischspezialitäten - allen voran der fränkische Karpfen - auf den Speisekarten tief verwurzelt. Diese ehrenvollen Traditionen werden wie ein großer Schatz gehütet und sehr zur Freude der Gäste liebevoll gepflegt. Die Küchenchefs beschreiten aber auch die abenteuerlichen Pfade der internationalen großen Küche. So werden die besten regionalen Produkte frisch vom Feld oder von der Weide weg auf mediterrane oder asiatische Art zubereitet. Auch ganz neue Gartechniken und ungewöhnliche Kombinationen von Zutaten untereinander sorgen für angenehme Überraschungen auf dem Teller.
Dazu legen die fränkischen Brauer und Winzer große Sorgfalt an den Tag, den Gaumen der Gäste zu verwöhnen.

Vorwort

Die vielen Biersorten lassen sowohl im Biergarten unter freiem Himmel als auch in der gemütlichen Gaststube keine Wünsche offen. Viele fränkische Gerichte, wie zum Beispiel das Schäufele, entfalten erst zum Bier ihr volles, kräftiges Aroma.

Die Weinkenner finden ihre Erfüllung in Weinfranken und im Lieblichen Taubertal. Hier beweisen die fränkischen Winzer in jedem Jahr aufs Neue, dass sie ihren Reben das Beste abgewinnen können. Was wäre der köstliche fränkische Spargel ohne ein Glas köstlichen Weins? Ob Riesling oder Silvaner, ob Spätburgunder oder Domina - in Franken kommt jeder Weinkenner ins Schwärmen.

Denn hier werden preisgekrönte und hervorragende Weine an- und ausgebaut.

Und das Niveau bleibt deshalb so hoch, weil die Winzer sich jedes Jahr der Herausforderung aufs Neue stellen, ehrliche und charaktervolle Weine zu produzieren.

Überraschend war immer wieder die vielfältige Landschaft, die sich den Augen des Franken-Reisenden öffnet. Auf der einen Seite wildromantische Landschaften, die den Blick weit über sanfte Hügel und grüne Wälder schweifen lassen, andererseits schroffe Felsen wie in der Fränkischen Schweiz, die zum Wandern oder zum Sportklettern einladen und schließlich historische Altstädte, die vom Mittelalter bis in die Neuzeit einen beeindruckenden urbanen Eindruck hinterlassen.

Überrascht hat uns auch die Offenheit, mit der uns die Gastronomen einen tiefen Einblick in ihr Lebenswerk gegeben haben.

Es hat uns viel Freude gemacht, sich mit diesen leidenschaftlichen Kochkünstlern in die Welt der Kulinarik zu begeben.

Entdeckt haben wir dabei den großen Stolz auf heimische Produkte und Rezepte des Frankenlandes und die große Lust auf Neues.

Denn in vielen fränkischen Küchen weht ein frischer Wind, und es lohnt sich in jedem Fall, sich davon treiben zu lassen.

Ute Elsner-Link & Robert Link
Martina Braun

FRANKENS BIERE

DER HOPFEN IM JAHRESLAUF

FRANKENS BIERE

Franken ist in Sachen Bier ein wahres Paradies: Traditionell nach dem Reinheitsgebot gebraut, finden sich in jeder Brauerei andere Geschmackserlebnisse, hervorgegangen aus den Grundzutaten Hopfen, Malz und Wasser.

Franken hat die höchste Brauereidichte weltweit, einsamer Spitzenreiter unter den Gemeinden ist Aufseß in der Fränkischen Schweiz. Hier kommen auf 1500 Einwohner vier eigenständige Brauereien, ein Rekord, der auch im Guinness-Buch dokumentiert ist.

In Franken bekommt man die verschiedenen Biersorten meistens im „Seidla", einem Halbliter-Krug. Auf den vielen Festen und Kirchweihen regiert die „Maß", aus der der Bierliebhaber literweise in vollen Zügen genießen kann.

Die wichtigsten Biersorten, die man in ganz Franken findet, sind:

- Lagerbier, zu dem alle untergärigen Biere zählen. Ihr Stammwürzegehalt liegt zwischen 11 und 12 Prozent und ihr Hopfenanteil ist relativ gering, daher sind sie eher mild im Geschmack. Oft werden die Lagerbiere auch als Hell- oder Vollbier bezeichnet.
- Märzen, zu dem auch die verschiedenen Festbiere gehören. Diese Sorten sind untergärig und liefern einen „berauschenden" Stammwürzegehalt von mindestens 13 Prozent. Sie schmecken vollmundig, malzaromatisch und gering hopfenbitter. Die Märzen funkeln goldgelb bis etwas dunkler im Glas. Seinen Namen verdankt das Märzenbier dem Zeitpunkt des Brauens: Früher wurde es im März eingebraut und sollte den Sommer über halten.
- Starkbier. Der Name kommt nicht von ungefähr: Bockbier muss eine Stammwürze von mindestens 16 Prozent haben
- Doppelbock oder Biere, die auf „-ator" enden, z.B. „Bambergator", mindestens 18 Prozent. Bockbiere sind vollmundig und malzaromatisch. Sie gelten oft noch als Fastenbiere und werden meist in der kälteren Jahreszeit ausgeschenkt.
- Kellerbier ist unfiltriert, naturtrüb und untergärig. Außerdem schmeckt es leicht bitter, denn es ist hopfenbetont gebraut. Es besticht durch seine dunkle Farbe. Dadurch, dass es ungespundet ist, hat es einen niedrigen Kohlensäuregehalt. Der Stammwürzegehalt liegt zwischen 12 und 13 Prozent.
- Pils ist ebenfalls ein untergäriges Bier und perlt hellgelb im Glas. Freunde des herben Biergenusses kommen hier voll auf ihre Kosten. Es ist oft ausgeprägt hopfenbitter, häufig auch mit Hopfenaroma. Der Stammwürzegehalt von Pils liegt meist zwischen 11 und 12 Prozent.
- Weizen oder Weißbier wird obergärig aus Gersten- und Weizenmalz gebraut. Diese Sorten sind wegen ihres hohen Kohlesäuregehalts besonders spritzig und erfrischend. Dazu schmecken sie herrlich nach Malz und sind wenig bitter. Der Stammwürzegehalt liegt zwischen 11,5 und 13 Prozent.
- Rauchbier ist eine besondere Spezialität aus dem Bamberger Raum. Es wird untergärig gebraut und hat einen Stammwürzegehalt von 11 bis 14 Prozent. Es ist meist vollmundig, raucharomatisch, niedrig gehopft und hat eine besonders dunkle Farbe. Das Malz für diese Spezialität wird über dem Buchenholzfeuer gedarrt, dabei nimmt es sein unverwechselbares Aroma an.

Einen echten Durchbruch erlebte die Bierbraukunst gegen Ende des 15. Jahrhunderts. Bis dahin kannte man nur das nur kurz haltbare obergärige Bier. Um 1475 wurde das untergärige Bier erfunden, das mit einer Haltbarkeit von neun bis zehn Monaten seinen Vorgängern wesentlich überlegen war. Trotzdem bestand damals weiterhin das Problem einer ausreichend kühlen Lagerung. Vor allem im Sommer wurde so manchem Brauer sein Bier sauer, was damals empfindlich bestraft wurde. So entstanden die ersten Bierkeller, von Hand gehauene Stollen in Berg- und Böschungshängen. In den Steingewölben herrschte eine konstante Temperatur von 8 bis 10 °C, geradezu ideal für die Bierlagerung. In der warmen Jahreszeit wurde hier das Bier gleich ab Keller ausgeschenkt und an die Durstigen verkauft, die es sich unter Bäumen auf Bierbänken oder

DER HOPFEN IM JAHRESLAUF

Stühlen bequem machen konnten.
In Erlangen, das im 19. Jahrhundert mehr Bier produzierte als Kulmbach und München zusammen, traf man sich an heißen Sommertagen im Kellergebiet, auf dem Gelände der noch heute legendären „Erlanger Bergkerwa". Sagenhafte 21 000 Hektoliter Bier lagerten damals in den noch heute genutzten Felsenkellern.
Bis der Bierliebhaber aber seinen kühlen Krug zum Mund führen kann, ist es ein langer Weg.
Denn jedes Bier braucht Hopfen, um sein köstlich-würziges Aroma entfalten zu können. Und diese Pflanze will besonders umsorgt sein. Der Hopfen mit seinen langen Reben gehört zur Familie der Hanfgewächse und zur Ordnung der Nesselgewächse. Die männlichen und die weiblichen Blüten sitzen an unterschiedlichen Pflanzen und die Sporen werden mit dem Wind zu ihrem Bestimmungsort getragen.
Nur die weiblichen Pflanzen bilden aus den Blüten die heiß begehrten Dolden. Interessanterweise haben sie dann einen besonders hohen Brauwert, wenn sie nicht befruchtet worden sind. Der Wurzelstock des Kulturhopfens kann bis zu 50 Jahre alt werden. Allerdings werden die Hopfenpflanzungen nur höchstens 20 Jahre genutzt, die oberirdischen Teile des Stocks werden vom Hopfenpflanzer jedes Jahr abgeschnitten. So können die jungen Triebe im Frühling immer wieder frisch und kräftig austreiben. Die benötigten Triebe werden „angeleitet", d. h. sie werden im Uhrzeigersinn um den Aufleitdraht gewickelt. Und dann vollzieht sich jedes Jahr das gleiche Wunder: Immer rechtswindend erklimmen die Reben die langen Drähte. So ein Hopfengerüst ist um die 7 Meter hoch, und bis Juli haben die Triebe den Aufstieg schon geschafft.
Kaum ist das Wachstum abgeschlossen, bildet der Hopfen seine Blüten. Zur Zeit der Reife heißt das für die Hopfenbauern: Ernten unter Hochdruck. Denn die Phase, in der der Hopfen den höchsten Brauwert hat, ist kurz. Zwischen Ende August und Anfang September müssen die empfindlichen Dolden abgeerntet und so schnell wie möglich schonend getrocknet werden. Über Förderbänder wird dazu der Grünhopfen in die 14-15 Meter hohen Hopfendarren trans-portiert und bei einer Temperatur von 62-65 °C in ca. 6 Stunden getrocknet. Auch wenn inzwischen viele Maschinen den Hopfenbauern Arbeit abnehmen, bedeutet der Hopfenanbau nach wie vor viel anstrengende Handarbeit. Noch heute gilt unter den Bauern die alte Regel:

„Der Hopfen will jeden Tag seinen Herren sehen."

HOPFENVERWERTUNGSGENOSSENSCHAFT

HVG Spalt e. G.

Hauptstraße 5
91174 Spalt

Telefon 0 91 75 / 7 88 88
Telefax 0 91 75 / 7 88 15

Von Anfang September bis Ende Oktober herrscht Hochbetrieb im Gewerbegebiet vor den Toren Spalts. Vor einer großen Halle am Rande des Gebietes bilden sich lange Staus. Traktoren mit Anhängern warten darauf, in die Halle fahren zu können. Die Anhänger sind mit fast mannshohen Säcken beladen. Das Ziel der Landwirte, die hier geduldig auf Einlass warten, ist die Hopfenhalle der Hopfenverwertungsgenossenschaft (HVG) Spalt. Hier wird der Hopfen, der im Spalter Hügelland angebaut wird, abgenommen.
Der Hopfenanbau hat im Spalter Hügelland eine lange Tradition. Schon um das Jahr 1000 wurde der Hopfen durch Klöster eingeführt und angebaut. Seit 1341 liegen urkundliche Aufzeichnungen über den Hopfenbau in Spalt vor. Die erste Urkunde dokumentiert, wie ein Hopfenbauer ein Pfand auf seinen Hof aufnahm. Um 1550 hatte der Spalter Hopfen den bis dahin vorherrschenden Weinbau verdrängt. Im Jahr 1538 sah sich der Fürstbischof von Eichstätt dazu gezwungen, den Spalter Hopfenanbau zu schützen. Deshalb erteilte er der Stadt Spalt das Recht, die hohe Qualität der Dolden mit einem Siegel zu beurkunden. Das Spalter Hopfensiegel ist damit das älteste der Welt. Etwa 11 000 Zentner liefern die Pflanzer heute jedes Jahr, die Hälfte davon wird an deutsche Brauereien verkauft, die andere Hälfte geht in die ganze Welt.
Der Spalter Hopfen ist berühmt für sein reiches Aroma, das sich nur im besonderen Klima und auf den besonderen Böden des Spalter Hopfenlandes entwickelt. Die Aromastoffe (0,5% ätherische Öle im Lupulin) geben dem Hopfen ein edles, kräftiges Aroma.
Auf 400 Hektar wird fast ausschließlich Aromahopfen angebaut. Er gibt dem Bier seinen vollmundigen Geschmack. Allerdings ist der Aromahopfen auch die empfindlichste Sorte. Aber die Bedingungen sind hervorragend: Klima und Boden in der Spalter Region sind besonders geeignet.
Tiefgründige, relativ leichte Böden bieten gute Voraussetzungen.

SPALT

Nicht umsonst gewinnen Spalter Pflanzer bei Hopfenschauen oft Spitzenplätze: Im Jahr 2004 ging sogar die Goldmedaille nach Spalt. 95 Pflanzer sind Mitglied in der HVG, die im Jahr 1953 gegründet wurde. Ihr Ziel ist es, den Pflanzern unter die Arme zu greifen und ihnen die oft mühsamen Verhandlungen mit Händlern und Brauereien abzunehmen. Dadurch werden die Pflanzer entlastet und können sich auf den Anbau konzentrieren. Die HVG kümmert sich auch um notwendige technische Weiterentwicklungen: In modernen Brauereien wird schon seit Jahren nicht mehr mit ganzen Hopfendolden gearbeitet. Vielmehr verwenden die Braumeister Hopfenpellets - getrockneten Hopfen, der zu rundlichen Stäbchen gepresst wurde. Er ist besser zu dosieren und vereinfacht den Brauprozess erheblich.
Die HVG kümmert sich um die Weiter-verarbeitung des Hopfens. Die meisten Landwirte atmen auf, wenn sie wieder aus der Halle hinausfahren. Geschafft - die Ernte ist abgeliefert. Viel Zeit haben die Landwirte aber auch jetzt nicht. Denn die nächste Ernte muss bereits vorbereitet werden. Es gilt die Reben auszuschneiden und die Felder zu bearbeiten - meistenteils in Handarbeit.
Der Hopfenanbau ist eine harte Arbeit, der Verkauf des Hopfen mittlerweile ebenso.

Pflanzer und HVG spüren den Wandel, der sich auf dem internationalen Biermarkt vollzogen hat. Und doch sehen sie darin auch eine Chance für ihre Zukunft.
Man wird sich den Erfordernissen der Zeit anpassen.
Denn: Wer möchte schon gern auf ein gutes Bier mit Zutaten von hoher Qualität verzichten?

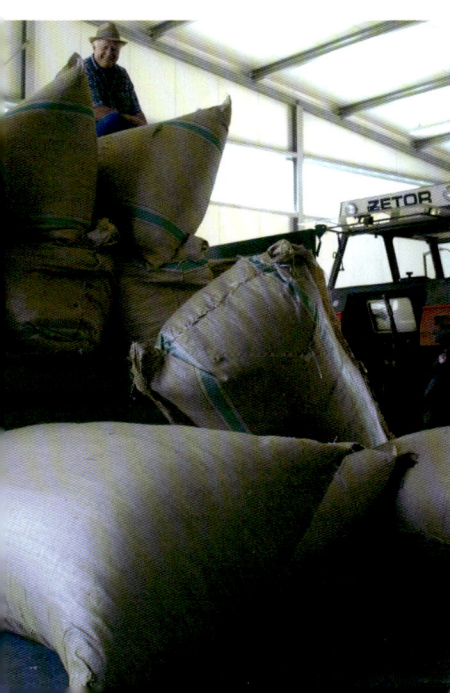

STADT SPALT

Tourist-Information
Stadt Spalt

Herrengasse 10
91174 Spalt

Telefon 0 91 75 / 7 96 50
Telefax 0 91 75 / 79 65 80

Im Jahr 2001 überreichte der Bayerische Innenminister Günther Beckstein Udo Weingart eine Urkunde. Für den Minister ist ein solcher Akt nichts Besonderes, Udo Weingart hat sich jedoch sehr darüber gefreut. Mit der Urkunde wurde die Stadt Spalt nämlich als Erholungsort anerkannt. Und somit konnte Bürgermeister Weingart genau 1191 Jahre nach der Gründung seiner Stadt schwarz auf weiß nachlesen, was er selbst schon längst wusste: In Spalt lässt es sich gut leben.

Insgesamt 5200 Einwohner genießen die Vorzüge der Hopfen- und Bierstadt, die in ihrer historischen Substanz fast vollständig erhalten geblieben ist. In den verwinkelten Gassen des Stadtkerns beeindrucken die barocken Bürgerhäuser, die zum Teil vom italienischen Baumeister Gabrieli gestaltet wurden. Die Bauernhäuser in Spalter Fachwerk mit ihren hohen Giebeln prägen das malerische Bild. Wer dem ausgeschilderten Rundweg durch die Altstadt folgt, kommt beispielsweise am Kornhaus vorbei. Es wurde 1457 als Zehntscheune der früheren Stadtherren, der Fürstbischöfe von Eichstätt, errichtet. Damals wurde ein ganzer Stadtwald für den Bau verwendet. Das historisch bedeutende Gebäude beherbergt heute die Ausstellung „Hopfen und Bier". Außerdem sieht man, wie erfindungsreich die Platznot die Architekten von früher machte: Das Schlenzgerhaus ist quasi in der Mitte durchgeschnitten, weil es direkt an die alte Stadtmauer gebaut wurde, die zum Teil noch erhalten ist. Und man sieht das Geburtshaus von Georg Burkhardt, der unter dem Namen Spalatin und als enger Freund Martin Luthers eine wichtige Rolle in der Reformation spielen sollte. Spalatin war es, der den Kurfürsten Friedrich den Weisen von Sachsen dazu brachte, Luther vor dem Zugriff der Amtskirche zu schützen.

Stolz und durchaus mit Recht verweist Bürgermeister Weingart darauf, dass Spalt den Charme eines fränkischen Meran habe. Die fast 1200-jährige Geschichte prägt das Bild der Stadt und das Leben in ihren Mauern. Dabei haben die Stadtväter darauf geachtet, den Charakter des Ortes und den Ort selbst am Leben zu erhalten. In der Innenstadt kann man auch heute alle Waren des täglichen Bedarfs einkaufen, im Gegensatz zu manch anderen Orten bluten in Spalt die Geschäftsleute und Handwerker nicht aus, weil sie vor der Konkurrenz von großen Supermärkten oder Factory-Outlets auf der grünen Wiese kapitulieren müssen.

Dies mag auch daran liegen, dass die Wege in Spalt, aufgrund der geringen Größe der Stadt, nur unwesentlich länger sind als in einem Einkaufscenter. Dazu kommt ein vielseitiges und hoch stehendes gastro-

SPALT

nomisches Angebot: auf die 5200 Einwohner kommen 30 urige Kneipen und Restaurants. Die Stadt bildet das Zentrum des neuen fränkischen Seenlandes.

Der Brombach- und der Igelsbachsee bilden ein wahres Urlaubsparadies. Hier kommen Aktivurlauber wie Surfer oder Segler genauso auf ihre Kosten wie Familien, die einfach die Natur am Wasser genießen wollen. Außerdem bietet das Umland von Spalt ein vielfältiges Angebot für Wanderer und Radfahrer. Radwege von mehr als 800 Kilometer und Wanderwege von über 200 Kilometer Länge führen durch die abwechslungsreiche Landschaft. Überall findet man lauschige Plätzchen für ein Picknick oder man kehrt in eines der gemütlichen und kinderfreundlichen Gasthäuser in den Dörfern und Ortschaften rund um Spalt ein. 1100 Betten haben die Hotels, Pensionen und Bauernhöfe in Spalt zu bieten, und die Zahl von etwa 200 000 Übernachtungen pro Jahr zeigt, wie beliebt die Stadt bei Urlaubern aus der ganzen Welt mittlerweile ist. Was wäre das Leben ohne eine zünftige Feier von Zeit zu Zeit?

Der Spalter Veranstaltungskalender ist lang und hat für jeden etwas zu bieten: Er beginnt im Februar mit dem Fasching und setzt sich im April mit dem Spalter Kultursommer fort.

Im Juni feiert man den Johannistag, den Spalter Stadtfeiertag, der mit einer Votivprozession daran erinnert, wie die Stadt im Jahr 1450 von einer Belagerung durch die Nürnberger Landsknechte befreit wurde.

Im Juli werden die Sommernachtsspiele veranstaltet, auf einer Freilichtbühne sind dann Theateraufführungen zu sehen. Im August finden unter anderem das Enderndorfer Dorffest, das Altstadtfest, und der so genannte Saumarkt statt, ein Fest der Hopfenzupfer, das im Jahr 1912, vermutlich wegen Ausschweifungen, von Amts wegen vorübergehend verboten wurde.

Besonders sehenswert ist auch der Weihnachtsmarkt ab dem ersten Adventswochenende.

Die Stände und Buden sind in der gesamten Altstadt verteilt und tauchen Spalt am Abend in ein besonders romantisches Licht.

STADTBRAUEREI

Stadtbrauerei Spalt

Brauereigasse 3
91174 Spalt

Telefon 0 91 75 / 7 91 0

Aber natürlich lebt die Stadt Spalt von und mit dem Grünen Gold: dem Hopfen. Das Spalter Hopfenanbaugebiet ist nach der Hallertau das zweitgrößte in Bayern. Und der Spalter Hopfen ist schon seit Jahrhunderten in der ganzen Welt für sein feines Aroma berühmt. Schon 1511 erließ der Fürstbischof von Eichstätt ein Ausfuhrverbot für Spalter Hopfen, das in den folgenden Jahren immer wieder erneuert wurde. Um Betrügereien mit dem Hopfen zu unterbinden, erhielt die Stadt 1538 das Recht, den Hopfen mit dem Stadtwappen zu siegeln, so entstand das älteste Hopfensiegel der Welt.

Berühmt ist Spalt aber nicht nur für seinen Hopfen, sondern auch für das Bier, das daraus in der Stadtbrauerei gebraut wird. Seit 1879 gehört die ehemalige Lamms Brauerei der Stadt, weil die damaligen Eigentümer Schulden hatten, die sie nicht bezahlen konnten (heute würde man sagen: Die Brauerei musste Insolvenz anmelden).

Mit 35 000 Goldmark waren die Brauer verschuldet – als Pfand für ihre Außenstände übernahmen die Stadtväter gleich die ganze Brauerei. Heute bildet die Stadtbrauerei die Seele und das Rückgrat von Spalt. Wie eng die Verbindung der Bürger mit ihrer Brauerei ist, mag der folgende Sinnspruch verdeutlichen: „In Spalt, in Spalt, dou wern die Leit gor alt. Sie kenna nix dafier, dös macht ös goute Bier". Eine Privatisierung der Brauerei ist völlig undenkbar und der Stadtbraumeister Uwe Schulz ist einer der Honoratioren der Stadt, der so hoch angesehen ist, dass er beispielsweise für Film-Dreharbeiten durchaus auch die Anweisung geben kann, ganze Straßenzüge absperren zu lassen. In Absprache mit dem Bürgermeister, der gleichzeitig der Aufsichtsratsvorsitzende der Brauerei ist, versteht sich.

Der Geschmack des Bieres ist mit den Bieren anderer Regionen tatsächlich nicht vergleichbar. Typisch für das Spalter Bier ist vor allem sein hoher Hopfenanteil, der den Gerstensaft sehr frisch und süffig macht und ihm einen ganz eigenen Charakter verleiht. Insgesamt 70 000 Hektoliter und 16 verschiedene Biersorten werden gebraut, darunter ein helles Vollbier (DAS Spalter Bier), zwei Pilssorten, drei Weißbiere, die in der Flasche vergoren werden, zwei Bockbiere und im Winter ein sehr nahrhaftes Weihnachtsbier.

SPALT

Die Spezialität der Stadtbrauerei ist aber das erntefrische Hopfenbier. Ein Bier, das aus pflückfrischen Hopfendolden gebraut wird und für das ausschließlich der Aromahopfen aus der Gegend verwendet wird.

Dieses Bier hat eine einzigartige Hopfennote. Es ist ein absolutes Unikat auf dem Markt und wird nur in der Hopfen-Erntezeit verkauft. Die Stadtbrauerei liegt nur wenige Gehminuten vom Rathaus entfernt in einem Gebäude aus dem Jahr 1930. In den alten Mauern wird jedoch mit modernster Brautechnik gearbeitet, mit der der experimentierfreudige Stadtbraumeister Uwe Schulz (alle drei Weißbiersorten und eine Hopfenlimonade wurden von ihm entwickelt) höchste Qualität erzeugt. Wer mehr über Bier und seine Herstellung erfahren möchte, der kann auf Anfrage an einer Brauereiführung oder an einer der zahlreichen Hopfenwanderungen teilnehmen.

Spalt steht natürlich wie alle anderen Städte im Wettbewerb mit den deutschen und europäischen Regionen. Deshalb versucht die Stadt, ihre Zukunft auf lange Sicht sinnvoll zu gestalten. So will man den Charakter des Ortes erhalten und den Tourismus sanft ausbauen. Ein Gewerbe- und Technologiepark soll Firmen nach Spalt locken, mit günstigen Grundstückspreisen und erschwinglichen Steuersätzen. „Arbeiten für kreative Köpfe im Grünen", das ist das Motto, mit dem sich Spalt der Wirtschaft gegenüber präsentiert. Und wenn es sich in Spalt so gut leben, genießen und Urlaub machen lässt, dann ist bestimmt auch das Arbeiten in dieser wunderschönen Gegend der reinste Genuss!

VON ELLINGEN ÜBER SCHWABACH NACH NÜRNBERG

ÜBER SCHWABACH

Ellinger Schloss

Das reich verzierte Ellinger Schloss ist das dominierende Bauwerk in der gleichzeitig prunkvollen und doch beschaulichen Barockstadt. 10 Jahre nahm seine Erbauung in Anspruch, es entstand zwischen 1711 und 1721. Dem Besucher bietet sich ein beeindruckendes kunsthistorisches Schauspiel: In der Raumfolge von Vestibül, Treppenhaus und Festsaal bewiesen die Baumeister eine nahezu vollkommene Beherrschung barocker Stilmittel. Unter Experten gilt das Ellinger Schloss als einer der Höhepunkte hochbarocker Schlossbaukunst. Im wunderschönen Hofgarten kann Ellingen sogar mit zwei Orangerien aufwarten, lichtdurchflutete Gebäude, in denen früher die Orangenbäumchen der Schlossherren überwintert wurden. Der ursprünglich barocke Schlosspark wurde von Feldmarschall Fürst Carl von Wrede nach 1815 in einen englischen Landschaftsgarten verwandelt. Er pflanzte auch den inzwischen über 200 Jahre alten Ginkgo als zentralen Baum der Anlage. Die Geschichte Ellingens beginnt aber nicht erst im Barock: Keltische Siedlungsreste und Gräberfunde belegen, dass dieses Gebiet bis zur Römerzeit durchgängig besiedelt war. Wie bedeutend die Region für das antike Militär war, zeigen die vielen Römerkastelle der Gegend. Die Römerthermen in Weißenburg zeugen von der hochstehenden zivilen Kultur der damaligen Zeit. Und schließlich macht das Castrum Sablonetum, ein Römerlager direkt hinter dem römischen Begrenzungswall Limes, Ellingen zu einem Paradies für Geschichtsfans. In der reizvollen Landschaft um die „Perle des Barocks" mit Feldern, sanften grünen Hügeln und geheimnisvollen Wäldern finden Wanderer Gelegenheit zu ausgiebigen Streifzügen.

Unser Weg führt uns weiter in die legendäre Goldschlägerstadt Schwabach. Hier wird schon seit dem Spätmittelalter Blattgold hergestellt. Heute produzieren noch neun Betriebe das edle Metall. Blattgold hat eine Stärke von nur einem zehn- bis vierzehntausendstel Millimeter. Knapp 7000 Schläge mit 6 verschiedenen Hämmern müssen ausgeführt werden, um beim Handschlagen aus einem kleinen Goldbarren die hauchdünne Goldfolie zu gewinnen. Noch heute wird Blattgold beim Vergolden von Bau- und Kunstwerken, bei deren Restaurierung, bei der Porzellan- und Glasherstellung und in der Medizin verwendet. Bestes Beispiel für die Verwendung von Blattgold an Gebäuden sind die Goldenen Dächer von Schwabach, seit 2001 Wahrzeichen der Stadt. Bürgerinnen und Bürger konnten damals vergoldete Ziegel erwerben, mit denen die Dächer der zwei Rathaustürme gedeckt wurden. 2000 Ziegel wurden auf diese Art und Weise finanziert. Die Ziegel sind mit 24-karätigem Schwabacher Blattgold belegt, und

Schwabach's Altstadt

Marktplatz in Schwabach

Nach Nürnberg

Heilig-Geist-Spital in Nürnberg

Experten gehen davon aus, dass die Dächer noch mindestens 50 Jahre lang so schön glänzen werden wie sie das heute tun. Eine wunderbare Möglichkeit, Schwabach besser kennenzulernen, ist ein Rundgang entlang der Goldenen Meile. Der Weg führt zu zehn Orten im Altstadtbereich, die im Zusammenhang mit Blattgold stehen. Dabei läuft man entlang der ehemaligen Stadtmauer in den Altstadtbereich.

Vorbei am historischen Mönchshof gelangt man zur Stadtkirche St. Johannes d. T. und St. Martin. Der spätgotische Wandelaltar im Innern des Gotteshauses zeigt die hohe Qualität des Schwabacher Blattgoldes: Obwohl es schon fast 500 Jahre lang die Schnitzereien verziert, glänzt es heute noch wie neu. Auch die weiteren Stationen der Goldenen Meile bieten wunderschöne Aussichten und erstaunliche Einsichten in die Schwabacher Geschichte.

Weiter geht es in die Frankenmetropole Nürnberg. Hier erreicht man über viel befahrene Straßen, vorbei an altehrwürdigen Bürgerhäusern, die historische Altstadt. Hoch über der Stadt thront das Wahrzeichen Nürnbergs, die Kaiserburg. Die Festung mit den meterdicken Mauern, in der von 1050 bis 1571 alle Kaiser des Heiligen Römischen Reiches zeitweise residierten, gehört zu den bedeutendsten Kaiserpfalzen des Mittelalters. Sehenswert ist auch der historische Handwerkerhof am Königstor mitten in der Nürnberger City, umrahmt von Türmen und Mauern der mittelalterlichen Stadtbefestigung. Hier kann der Besucher zwischen romantischen Fachwerkhäuschen entdecken, wofür Nürnberger Handwerker schon seit Jahrhunderten berühmt sind. Von März bis Dezember präsentieren Zinngießer, Glasschleifer, Täschner, Puppenmacher, Wachskünstler, Lebküchner und viele andere ihr Können. In der Nürnberger Fußgängerzone entlang der Pegnitz ragt das Heilig-Geist-Spital in den Fluss. Der beeindruckende Bau wurde 1332-39 als Stiftung des reichen Patriziers Konrad Groß für Alte und Bedürftige errichtet und gilt als umfangreichste Stiftung einer Einzelperson im Reich vor 1500. Heute dient das Heilig-Geist-Spital als städtisches Seniorenheim. Ein Muss für jeden Nürnberg-Besucher ist auch der Hauptmarkt vor der gotischen Frauenkirche. Im Sommer gibt es hier alle Köstlichkeiten von den Feldern rund um Nürnberg, in der Vorweihnachtszeit erglänzen die Lichter des berühmten Christkindlesmarktes. Hier steht auch der weltberühmte Schöne Brunnen von Heinrich Beheim. Übrigens: Eine Drehung am kunstvoll eingefügten, nahtlosen goldenen Ring im reich verzierten Gitter soll Glück bringen! Das ganze Jahr hindurch locken unzählige Feste die Nürnberger und ihre Gäste zum Feiern. Von der Blauen Nacht im Frühling über das Bardentreffen im Sommer bis hin zum weltberühmten Christkindlesmarkt, Nürnberg bietet für jeden unvergessliche Erlebnisse. Und über allem liegt der Duft von Lebkuchen und frisch gegrillten Nürnberger Rostbratwürsten ...

Nürnbergs Hauptmarkt mit Frauenkirche

Goldener Ring am Schönen Brunnen

ELLINGEN

FÜRSTLICHES BRAUHAUS

Im Jahr 1815 hatte der Feldmarschall Carl Philipp Fürst von Wrede einen Wunsch: er wollte Bier brauen. Er war gerade in den Ruhestand geschickt worden und wurde in Ellingen auf die barocke Schlossanlage mit der Brauerei gegenüber aufmerksam, die bereits im Jahr 1690 erstmals urkundlich erwähnt worden war. Der bayerische König Max I. Joseph erfüllte seinem verdienten General diesen Wunsch und bedachte ihn für seine Verdienste mit dem Ellinger Thronlehen. Der Fürst von Wrede machte sich ans Werk und begann ein edles, untergäriges Bier zu brauen, dem er den nicht weniger edlen Namen „Fürst Carl" gab. Heute - fast 200 Jahre später - führt der direkte Nachfahre des bayerischen Feldmarschalls, Carl Friedrich Fürst von Wrede, in der 7. Generation das Fürstliche Brauhaus Ellingen, mit der gleichen Begeisterung wie sein Urahn. In Frankens einzigem Fürstlichen Brauhaus werden sechs verschiedene Sorten gebraut, allen voran das Fürst Carl Premium Pils - ein spritzig, herbes, goldfarbenes Bier mit einer besonderen Hopfennote. Darüber hinaus gibt es noch ein helles Export- und ein Lagerbier, ein dunkles Lagerbier und als saisonale Spezialitäten ab dem 19. März den Fürst Carl Josefi Bock sowie im Winter den Fürst Carl Weihnachtsbock. Besonders die Bockbiere aus Ellingen zeichnen sich durch ihren vollmundigen, malzigen Geschmack aus und sind meistens viel zu früh ausverkauft.

Die Begeisterung des Fürsten, seine Liebe zum Bier, ist nicht nur in der ganzen Brauerei spürbar, der Fürst legt in seiner Brauerei Wert auf die handwerkliche Tradition des Bierbrauens. Und diese Begeisterung wird auch weiter gegeben.

Einzelpersonen und Gruppen können sich nach Voranmeldung durch die beeindruckenden historischen Gewölbe führen lassen, den Mitarbeitern bei ihrer Arbeit an den schönen kupfernen Sudkesseln über die Schulter schauen und dabei sehen, schmecken und riechen, wo das Fürstliche Bier entsteht. Nach der Führung erhält der Besucher ein Diplom und kann dann mit Fug und Recht von sich behaupten, ein echter Bierkenner zu sein.

Anschießend bietet sich ein Besuch im brauereieigenen Schlossbräustüberl an oder man wandert durch den Ellinger Wald in den Sommerkeller und vertieft seine frisch gewonnenen Erkenntnisse bei einem frischen Glas Bier.

Fürstliches Brauhaus

Schloss-Straße 19
91792 Ellingen

Telefon 0 91 41 / 9 78 60
Telefax 0 91 41 / 9 78 58

SCHLOSSBRÄUSTÜBL

ELLINGEN

Schlossbräustübl
Familie Rawolle

Schloss-Straße 6
91792 Ellingen

Telefon 0 91 41 / 7 03 40
Telefax 0 91 41 / 92 31 38

Nur wenige Gaststätten haben vor der Haustür ein ähnliches Ambiente zu bieten wie das Schlossbräustübl in Ellingen. Es liegt mitten im historischen Stadtkern, gerahmt von der ehemaligen Residenz der Fürsten von Wrede und dem Fürstlichen Brauhaus.

Der Gast, der einen der ca. 100 Plätze im Biergarten vor dem Schlossbräustübl einnimmt, wird überwältigt von der barocken Pracht der Residenz. Es liegt auf der Hand, dass sich der Wirt und Chefkoch, Heinz-Dieter Rawolle, dieser Tradition verpflichtet fühlt. Und deshalb bietet er seinen Gästen nicht nur das Bier aus dem Fürstlichen Brauhaus Ellingen, sondern auch die erlesenen Klassiker der fränkischen Küche wie beispielsweise Schäufele oder Sauerbraten mit Lebkuchensoße.

Das Schäufele wird hier jedoch anders zubereitet als allgemein üblich, denn das Schulterstück vom Rind wird nicht in Form des üblichen Bratens angeboten. Vielmehr verwendet Karl-Heinz Rawolle ein gepökeltes Schäufele, das er mit einer Dunkelbiersoße verfeinert und mit Sauerkraut und Knödeln serviert. Eine interessante und sehr wohlschmeckende Variante, die man unbedingt probieren sollte.

Natürlich bietet die Küche auch fränkische Bratwürste, die im Haus, in der eigenen Schlachterei, hergestellt werden. Wer sie kostet, wird mehr davon wollen und das ist auch möglich: Alle Wurstvariationen werden auch in Dosen abgefüllt und können nach Hause mitgenommen werden.

Übrigens: Alle Rohstoffe, die im Schlossbräustübl verarbeitet werden, stammen von ortsansässigen Betrieben, das garantiert Frische und beste Qualität. Das Schlossbräustübl selbst ist im Inneren gemütlich eingerichtet. Etwa 70 Gäste können sich in zwei Räumen an den Köstlichkeiten der Küche erfreuen. Und im ersten Stock bietet das Lokal einen großen, circa 100 Personen fassenden Saal, der mit schönem altem Stuck verziert ist, hier kann man in gediegener Atmosphäre Familienfeiern oder Tagungen veranstalten. Wer der Barockstadt Ellingen einen Besuch abstattet, kann sich im Schlossbräustübl auf einen gemütlichen Tag oder Abend freuen.

ELLINGEN

SOMMERKELLER

Nach einem Besuch in der Barockstadt Ellingen steht manchem vielleicht der Sinn nach ein wenig Natur. Eine Wanderung im angrenzenden Wald ist dann genau das Richtige. Ein Weg führt direkt zum Sommerkeller, einem etwas außerhalb, zwischen Ellingen und Pleinfeld gelegenen Restaurant mit Biergarten, das in jeder Hinsicht den Besucher begeistert.

Abseits der Landstraße und idyllisch am Waldrand gelegen, beeindruckt der Sommerkeller schon bei einem Blick auf die Jahrestafel über dem Eingang zum Restaurant: 1770 steht dort zu lesen. Ursprünglich wurde das Gebäude mit seinen Kellergewölben als Sommerlager für Bier genutzt.

In den 20er Jahren des vergangenen Jahrhunderts wurde ein romantischer wetterfester Pavillon angebaut, in dem Tanzveranstaltungen angeboten wurden und der erst vor Kurzem nach historischen Plänen renoviert wurde. Besonders Hochzeitspaare nutzen gerne diesen besonderen Rahmen für ihre unvergessliche Feier.

Der Biergarten liegt mitten im Wald und bietet einen wunderbaren Blick auf die Landschaft. In diesem Ambiente schmeckt eine Maß aus dem fürstlichen Brauhaus Ellingen besonders gut.

Natürlich lohnt sich der Weg nicht nur in den Biergarten, sondern auch ins Restaurant. Die Gaststube ist liebevoll eingerichtet, mit viel Holz und warmen Farben an den Wänden.

An kalten Tagen sorgt ein Schwedenofen für noch mehr Behaglichkeit. Einen besonders aufmerksamen Blick verdient aber die Speisekarte, die dem Gast ausgesuchte Schmankerl anbietet. Geboten wird gehobene fränkische und internationale Küche, jedes Gericht zubereitet mit ausschließlich frischen Zutaten.

Der mehrfach ausgezeichnete Küchenchef Gerhard Böhm bietet aber gemeinsam mit seiner Lebensgefährtin Jacqueline Rößler nicht nur Tradition auf Spitzenniveau, sondern auch Gerichte aus der mediterranen Küche. Wie wär's zum Beispiel mit einem saftigen Tunfischsteak mit frischen Beilagen oder köstlichen Hummerkrabben vom Grill?

Besonders angetan hat es Gerhard Böhm aber die feurige mexikanische Küche, die in der kühlen Jahreszeit zwischen Oktober und April angeboten wird.

Der Sommerkeller ist auch bei Familien sehr beliebt. Eltern schätzen es sehr, in Ruhe die Köstlichkeiten von Gerhard Böhm genießen zu können, während ihre Kinder im hauseigenen Streichelzoo mit Zwergkaninchen und Meerschweinchen ihren Spaß haben.

Sommerkeller
Gerhard Böhm

Sommerkellerweg 1
91792 Ellingen

Telefon 0 91 41 / 87 42 62
Telefax 0 91 41 / 87 42 63

BURG ABENBERG

Wer sich einmal wie ein Ritter oder wie ein Burgfräulein fühlen möchte, der ist auf der Burg Abenberg genau richtig. Erhaben über der Stadt thront das historische Gemäuer, das bereits von Weitem zu sehen ist und seinerseits einen fantastischen Blick über die Landschaft bietet. Bis ins 13. Jahrhundert war die Burg im Besitz der Hohenzollern, dann kam sie an die Bischöfe von Bamberg und wurde bis 1806 als Verwaltungssitz genutzt. Im romantischen 19. Jahrhundert wollte man die Burg noch mittelalterlicher aussehen lassen und ergänzte sie durch mehrere malerisch wirkende Türme. Heute Eigentum des Zweckverbandes Burg Abenberg, beherbergt die Burg ein Hotel, ein romantisches Trauzimmer und zwei spannende Museen, die zu einem Besuch mit der ganzen Familie einladen. Eines davon ist das Klöppelmuseum, in dem auch Klöppelkurse für Kinder und Erwachsene angeboten werden. Eine Zeitreise unternimmt man im Haus Fränkischer Geschichte: Beeindruckende Kulissen und wirklichkeitsnahe Präsentationen mit Ausstellungsstücken „auf Augenhöhe" machen den Besuch zu einem besonderen Erlebnis für Groß und Klein. Als krönenden Abschluss kann der Museumsbesucher sogar noch das Diplom „Geprüfter Franke" erwerben. Doch auf dem Gelände der Burg ist noch viel mehr geboten: Im Mai z.B. ein rauschendes Burgfest mit historischen Kostümen, im August ein bunter Mittelalter-Markt mit liebevoll gestalteten Ständen und im Juni verschiedene Rock- und Popkonzerte mit namhaften Künstlern wie Haindling, Austria 3 oder der Popgruppe Juli. Genauso erhaben wie die gesamte Anlage ist auch die Stimmung des Besuchers, wenn er durch das große Tor die Burg betritt. Zunächst öffnet sich ein großer Platz, umrahmt von der Residenz der früheren Herrscher und den Gebäuden für das Gesinde. Rechts neben dem Tor befindet sich der Eingang zum Restaurant, das in den alten Gewölben des früheren Pflegamtshauses Platz gefunden hat.
Und hier ist, trotz der ehrwürdigen Mauern und der romantischen mittelalterlichen Fenster - die Zeit alles andere als stehen geblieben. Ganz im Gegenteil: Der Gast kann sich zwar mit traditionellen Gerichten der fränkischen Küche verwöhnen lassen, aber Küchenchef Andreas Wild ist auch bekannt für seine Experimentierfreudigkeit. Stammgästen stellt er gern mal einen Teller zum Probieren auf den Tisch und erklärt ihnen erst hinterher, dass sie gerade ein Stück Straußenlende gegessen haben. Auf seiner Speisekarte findet sich auch Känguru, Beschwerden darüber, dass es nicht schmecken würde, sind nicht bekannt. Diese exotischen Fleischsorten werden nach allen Regeln der Kochkunst zubereitet, am liebsten kurz gebraten.
Aber auch auf andere Rezepte lässt sich Andreas Wild ein, man kann aus exotischem Fleisch auch ein hervorragendes Gulasch zubereiten oder mit Marinaden experimentieren.
Nur eine Bedingung muss das Gericht zum Schluss erfüllen: Es muss dem Gast Genuss bereiten und Spaß machen. Darüber hinaus hat sich der Küchenchef der leichten und mediterranen Küche verschrieben: Ganz hervorragend sind die wunderbar zubereiteten Fisch-Spezialitäten. Andreas Wild versteht es, aus den bekanntesten Edelfischen das Beste herauszuholen.
Jeder Fisch schmeckt bei ihm anders und immer herrlich frisch. Ob gegrillt, mariniert und kurz gebraten oder gedünstet, die Wahl fällt jedes Mal schwer.
Es findet sich also für fast jeden Geschmack ein Gericht auf der Speisekarte, einer Karte, die einem schon beim Lesen das Wasser im

Hotel & Restaurant Burg Abenberg

Burgstraße 16
91183 Abenberg

Telefon 0 91 78 / 98 29 90
Telefax 0 91 78 / 98 29 996

ABENBERG

Munde zusammenlaufen lässt.
Andreas Wilds Engagement und Einfallsreichtum wurden auch schon von offizieller Seite anerkannt. Im Jahr 2002 bekam er für die „Beste Fränkische Küche" den Gastro-Award verliehen, den „Oscar" der Gastronomie-Szene. Damit setzte er der Familientradition die Krone auf, denn Andreas Wild stammt aus einer ehrbaren Köche-Familie. Sein Großvater eröffnete in Nürnberg das erste China-Restaurant.
Die Lust am Neuen und Außergewöhnlichen ist der Motor, der Andreas Wild immer wieder antreibt. So organisiert er auch für größere Gruppen Wildschweinessen am offenen Feuer im Burghof, ein Erlebnis, an dem auch Asterix und Obelix ihre helle Freude gehabt hätten.
Für den Chef des Restaurants der Burg Abenberg ist es Ehrensache, dass er in der Saison selbst in den nahen Wald aufbricht und dort die Pilze für seine Gäste sammelt, selbstverständlich schaffen es nur die schönsten und schmackhaftesten in seinen Korb.
„Was der Gast haben will, das soll er auch bekommen", lautet Wilds Devise, und dafür betreibt er einen gehörigen Aufwand. Allein zehn Mitarbeiter leistet er sich in seiner Küche, eine ganze Menge für ein Restaurant mit insgesamt 340 Plätzen. Außerdem verfügt die Burg Abenberg über einen er-lesenen Weinkeller mit mehr als 2000 Flaschen. Hier warten die besten internationalen und

Burg Abenberg

zu sich nehmen, ein besonderes Erlebnis in der Abenddämmerung. Noch mehr Romantik bietet ein Candlelight-Dinner in der besonderen Atmosphäre der Burg Abenberg. Das Vier-Gänge-Menü wird in besonders schönen Winkeln der Anlage serviert. Das Candlelight-Dinner kann zudem noch mit stilvoller Übernachtung gebucht werden. Dafür kann der Gast unter 11 Einzel- und Doppelzimmern wählen.

Sechs der Zimmer befinden sich im historischen Schottenturm. Hier ist eine spektakuläre Aussicht ins weite Umland garantiert. Alle Zimmer sind mit modernstem Komfort ausgestattet. Darüber hinaus verfügt die Burg Abenberg über zwei Hochzeitssuiten. Allerdings sollte man diese rechtzeitig buchen, denn bei insgesamt 250 Hochzeiten, die pro Jahr auf der Burg gefeiert werden, sind die stimmungsvollen Räume schnell vergeben.

Oberstes Gebot auf der Burg Abenberg: Der Gast soll zufrieden sein und er soll etwas erleben.

Das gelingt dem Team um Andreas Wild, an einen Besuch auf der Burg wird man sich noch lange erinnern.

regionalen Tropfen auf anspruchsvolle Genießer. Aber auch Liebhaber von Wildgerichten kommen auf ihre Kosten. Etwa zehn Jäger aus der Region versorgen das Restaurant mit Wild, das der Küchenchef frisch auf den Teller bringt. Je nach Saison in verschiedenen raffinierten Zusammenstellungen, die dem Gast die Bandbreite seines Könnens beweisen. Sehr beliebt sind der saftige Wildschweinbraten oder die zart rosafarbenen Rehmedaillons.

Auch die Beilagen machen Appetit: Geschmorte Pfifferlinge, Röstis oder hausgemachte Spätzle.

Die wunderbaren und gekonnt zubereiteten Speisen können die Gäste bei schönem Wetter auch im beeindruckenden Burghof

ABENBERG

Hubertusteller

Für das Fleisch:

200 g ausgelöster Rehrücken
200 g ausgelöster Hirschrücken
200 g Wildschweinrücken
200 g Kängurufilet
Dijonsenf
frischer Thymian, Rosmarin
Pfeffer aus der Mühle
Piment, gemahlen
Öl oder Butterschmalz zum Anbraten

Rehrücken und Kängurufilet in Dijonsenf marinieren. Das Hirschfleisch mit Thymianzweigen einreiben. Wildschwein mit Rosmarin, Pfeffer, Piment würzen. Alles Fleisch ca. 1 Stunde im Kühlschrank marinieren (in der Zwischenzeit die Soße und die Beilagen zubereiten). Kurz vor dem Servieren das Fleisch von beiden Seiten 2 Minuten bei starker Hitze in der Pfanne anbraten und dann 5 Minuten im vorgeheizten Ofen bei 200 °C rosa ziehen lassen. Vor dem Aufschneiden noch 2 Minuten außerhalb des Ofens mit Alufolie abgedeckt ruhen lassen.

Für die Wildsoße:

ca. 1 kg Wildknochen
2 EL Tomatenmark
je 50 g Karotten,
Sellerie
50 g Petersilienwurzel
2 Lorbeerblätter
10 Wacholderbeeren
2 Thymianzweige
1/2 l kräftiger Rotwein
1 Becher Schlagsahne
2 EL Preißelbeeren
Salz, Pfeffer aus der Mühle

Knochen scharf anbraten und mit Tomatenmark tomatisieren, das Gemüse grob hacken und mit anbraten. Die Gewürze zufügen und das Ganze mit einem guten Schuss Rotwein ablöschen. Auf ungefähr die Hälfte einreduzieren lassen. Verteilt auf mindestens zwei weitere Male mit dem restlichen Rotwein ablöschen und immer wieder einkochen lassen.
Am Schluss die Soße mit einem Becher Schlagsahne verfeinern, danach nicht mehr zum Kochen kommen lassen. Durch ein feines Sieb passieren und warm halten. Abschließend die Preißelbeeren unterrühren. Mit Salz und Pfeffer abschmecken.

Für die sautierten Pilze:

2 mittelgroße, frische Steinpilze (ca. 150 g)
2-3 Thymianzweige
1-2 EL Butter
Salz, Pfeffer aus der Mühle

Die Pilze in 3-5 Millimeter dicke Scheiben schneiden und gemeinsam mit den Thymianzweigen in Butter in der Pfanne sanft anbraten. Mit Salz und Pfeffer abschmecken.

Für die Kartoffelplätzchen:

500 g geschälte Kartoffeln (festkochende Sorte)
3 Eigelbe
Salz, Muskat, Pfeffer aus der Mühle
evtl. etwas Kartoffelstärke
Butter oder Butterschmalz zum Anbraten

Die Kartoffeln in Salzwasser gar kochen, Wasser abschütten. Die Kartoffeln bei geöffnetem Topfdeckel neben dem Herd ca. 5 Minuten ausdampfen lassen. Noch heiß durch eine Kartoffelpresse in eine Schüssel drücken. Eigelbe mit je 1 Prise Salz, Pfeffer und Muskat unterheben. Die warme Kartoffelmasse zu einer 5 Zentimeter dicken Rolle formen. Falls die Masse dafür zu feucht ist, noch etwas Kartoffelstärke unterrühren. Im Kühlschrank ca. 30 Minuten ruhen lassen. Dann die Kartoffelrolle in 1,5 Zentimeter dicke Scheiben schneiden und diese in heißer Butter goldgelb braten.

Für das glasierte Gemüse:

500 g Brokkoliröschen
2 große Karotten, in Scheiben geschnitten
2 Petersilienwurzeln, in Scheiben geschnitten
20 g Butter
1 TL Zucker
Salz, Pfeffer aus der Mühle
etwas Gemüsebrühe

Brokkoli in kochendem Salzwasser 2 Minuten blanchieren, kurz in Eiswasser abschrecken. Die Butter gemeinsam mit dem Zucker in die Pfanne geben, Karotten und Petersilienwurzeln sanft darin andünsten. Mit Salz und Pfeffer würzen, 5-6 EL Brühe zugeben und am Schluss die Brokkoliröschen unterrühren.

GOLDENER STERN

Ein altes Sprichwort besagt: „Es ist nicht alles Gold, was glänzt". „Dieser Satz ist falsch", entgegnet Dieter Trutschel, der Wirt und Küchenchef des Gasthofs Goldener Stern. Zumindest bei ihm ist es Gold, wenn's gelblich schimmert - auf den Tellern, in den Tassen oder am Haus. In der Schwabacher Altstadt direkt am wunderschönen Königsplatz gelegen, ist der Goldene Stern schon von weitem zu sehen. Früher signalisierte sein Anblick Pilgern, dass sie hier eine Bleibe fanden, heute deutet er auf eine der außergewöhnlichsten Speisekarten Frankens hin. Weit über die Grenzen der Stadt hinaus ist beispielsweise das Schwabacher Goldmenü bekannt. Dabei werden, je nach Jahreszeit, verschiedene Suppen, Fisch- oder Fleischgerichte und ein süßes Dessert mit echtem Blattgold verziert. Man kann dies als Spinnerei belächeln, Dieter Trutschel möchte damit aber der über 500-jährigen Tradition Schwabachs als Stadt der Goldschläger, also der Blattgoldmacher, gerecht werden. Und der Tradition fühlt sich der Wirt verpflichtet, das kann man im Goldenen Stern auf Schritt und Tritt erkennen. Die Gaststube ist eingerichtet mit viel dunklem, antikem Holz. Stolz ist man besonders auf die Auszeichnungen für die Bewahrung der Gaststättenkultur und den Erhalt der historischen Bausubstanz aus dem 16. Jh.. Der Gaststube gegenüber liegt das Goldschlägerzimmer, ein Nebenraum mit Platz für etwa 50 Gäste, in dem eine kleine Ausstellung über das Handwerk der Goldschläger untergebracht ist. Wer will, kann sogar selbst den schweren Hammer schwingen. Die nötige Kraft dazu verleihen die typisch fränkischen Gerichte, für die „Maestro" Trutschel weithin bekannt ist. Im Goldenen Stern bekommt man noch so Wunderbares wie knusprig gebratenes Schäufele, hausgemachten Sauerbraten oder gekochtes Rind-

Gasthof Goldener Stern

Königsplatz 12
91126 Schwabach

Telefon 0 91 22 / 23 35
Telefax 0 91 22 / 51 16

SCHWABACH

fleisch mit Meerrettichsoße, Dampfkartoffeln und Salat. Ein Erlebnis sind auch jene Spezialitäten des Hauses, bei denen der Küchenchef zusammenbringt, was man in dieser Kombination nirgends bekommt. Herrlich das edle Zanderfilet auf Lauchrahmgemüse mit Kartoffeln und Salat. Ein echter Gaumenkitzler ist auch die frische, heißgeräucherte Forelle mit Kräuterkartoffeln, Sahnemeerrettich und Salat. Die 35 Minuten Wartezeit lohnen sich garantiert!

Wem der Sinn eher nach einer Kleinigkeit steht, dem seien die verschiedenen Salatvariationen, beispielsweise mit gratinierten Garnelen, oder eine der köstlichen Suppen ans Herz gelegt. Die Krönung eines jeden Menüs ist der sensationelle geeiste Cappuccino mit echten Blattgoldflocken auf dem Milchschaum. Und wer dem Genuss im Goldenen Stern sozusagen die Krone aufsetzen will, der kann sich ein paar Blätter Blattgold mit nach Hause nehmen.

Rehrücken auf Waldpilzrisotto mit Preiselbeersoße

Zutaten

800 g Rehrückenfilet
100 g Zwiebeln
je 50 g Karotten, Sellerie, Lauch
1 EL Tomatenmark, 1dl Rotwein
Wacholderbeeren, Lorbeerblätter
200 g frische Preiselbeeren
Salz, Pfeffer, 1 l Fleischbrühe
für das Waldpilzrisotto:
2 Tassen Rundkornreis
50 g Schalotten, 8 cl Olivenöl
6 Tassen Gemüsebrühe
80 g frisch geriebener Parmesan
200 g frische Waldpilze
frische Kräuter (Thymian, Petersilie, Salbei) Salz, Pfeffer

Zubereitung

Rehrücken von Sehnen und Häutchen befreien. Sehnen klein hacken. Gemüse in walnussgroße Stücke schneiden und anrösten, Tomatenmark zugeben. Mit der Hälfte des Rotweins ablöschen, reduzieren lassen. Vorgang wiederholen. Mit Brühe auffüllen, Lauch und Gewürze zugeben, 1 Stunde köcheln lassen. Verdunstete Flüssigkeit mit Wasser nachfüllen. Die Soße durch Sieb passieren, Preiselbeeren zugeben, etwas Zucker hinzufügen, 30 Minuten köcheln lassen, abschmecken. Reis kurz abwaschen. Schalotten fein würfel, in einem Topf mit dem Öl dünsten. Den abgetropften Rundkornreis anschwitzen, geschnittenen Pilze zugeben und mit Brühe auffüllen. Abschmecken, aufkochen lassen und im Backofen bei 200 °C ca. 18 Minuten bei geschlossenem Deckel garen. Gehackte Kräuter und Parmesan unterheben. Risotto auf Teller zu einem Sockel anrichten, Rehrücken darauf verteilen. Mit original Schwabacher Blattgold garnieren.

DAUCHER

Hotel-Restaurant Daucher

Habsburgerstraße 9
90475 Nürnberg

Telefon 09 11 / 83 56 99
Telefax 09 11 / 83 60 53

Viele Besucher der fränkischen Metropole Nürnberg zieht es in die wundervolle Innenstadt zum Besuch der Sehenswürdigkeiten. Nach einem anstrengenden Tag sehnt sich mancher nach Ruhe und Entspannung - und die findet er am südlichen Stadtrand von Nürnberg. Im Stadtteil Altenfurt - kurz vor der Stadtgrenze - wartet das Hotel-Restaurant Daucher auf Gäste: ein traditionsreiches, schönes Haus, das in einem ruhigen Wohngebiet liegt. Inhaber Stefan Hrabal hat sich mit dem Daucher ein hohes Ziel gesetzt: der Gast soll einen friedlichen Ort der Ruhe finden. Hrabal will für seine Gäste nur das Beste, und das bietet er ihnen auch.

Die Zimmer sind sehr komfortabel und gemütlich im fränkischen Landhausstil eingerichtet. Hier kann man sich entspannen und von einem anstrengenden Tag in der Stadt erholen. Und für das leibliche Wohl ist natürlich ebenfalls aufs Beste gesorgt. Schon beim Frühstück sorgt im großzügigen, gemütlichen Frühstücksraum ein umfangreiches Büffet für die nötige Energie zu einem ausgedehnten Stadtbummel.

Das Restaurant Daucher war schon in den 1950er Jahren berühmt für sein hervorragendes Angebot an Fisch. Besonders für die Karpfen und Forellen, die von ausgewählten Fischzüchtern im nahe gelegenen Altmühltal aufgezogen und im Daucher bis zur Zubereitung in einem eigenen Becken gehalten werden. Der Gast kann sich den Fisch selbst aussuchen, den er auf dem Teller haben möchte: zubereitet z. B. als Forelle „Müllerin Art" mit Salzkartoffeln oder als Zanderfilet mit frischen Pfifferlingen und Salzkartoffeln. Darüber hinaus bietet die Küche auch Seefisch wie Smoked Matjes oder Hering und außergewöhnliche, sehr wohlschmeckende Kreationen wie das gegrillte, fest bratende Fleisch des Papageienfisches oder ein Pangasius-Filet, das mit frischen Pfifferlingen und einer Sauce Hollandaise serviert wird.

Dazu gibt es, täglich frisch zubereitet, einen Kartoffelsalat nach einem Hausrezept des Restaurants, das natürlich streng geheim gehalten wird. Für keinen Preis der Welt ist Stefan Hrabal das Geheimnis zu entlocken, wie die Köche es schaffen, einen Kartoffelsalat zu zaubern, der in seiner Konsistenz fest ist und im Geschmack eine perfekte Abstimmung der Zutaten verrät.

Das Restaurant Daucher hat sich in den

NÜRNBERG

wahrsten Sinne des Wortes wert sind - das Schäufele wiegt 500 Gramm. Und kein Gast, der seine Portion nicht schafft, muss das Essen in die Küche zurückgehen lassen. Dort kann man es sich einpacken lassen und so den Genuss zu Hause verlängern.

Stefan Hrabal hat sich seine Sporen als Hotelier unter anderem in England verdient und später so namhafte Häuser wie das Hotel Hilton in Nürnberg geleitet. Als er am 1. April 2004 das Hotel-Restaurant Daucher übernahm, hat er weiterhin auf das eingespielte Küchenteam gesetzt und es motiviert, Neues zu probieren. „An gutem Essen labt sich die Seele", ist sein Wahlspruch, und dazu gehört auch, dass Fisch, Fleisch und Geflügel von natürlich und artgerecht gehaltenen Tieren stammen müssen, um einen perfekten Genuss zu bieten. Das Ergebnis kann sich sehen lassen. Ein Besuch in Nürnberg sollte den Gaumenfreund von daher auf jeden Fall nach Altenfurt an den südlichen Stadtrand Nürnbergs führen, ein Besuch, der sich lohnt.

vergangenen Jahren auch mit hervorragenden Fleischgerichten einen Namen gemacht, vor allem mit Steaks. Sie stammen von brasilianischen Angusrindern, das Rumpsteak von fränkischen Weiderindern, ein Garant für höchste Qualität ohne BSE-Risiko.

Natürlich bietet das Daucher auch die traditionsreichen Klassiker der fränkischen Küche; und Gäste, die an der leichten Küche Südeuropas Freude haben, finden auf der Karte ebenfalls ein reichhaltiges Angebot. Das alles in Portionen, die ihren Preis im

BEIM KÖNIGSHOF

**Gaststätte
Beim Königshof**
Jörg Haberberger

Marthweg 200
90455 Nürnberg

Telefon 09 11 / 48 79 22
Telefax 09 11 / 48 79 35

Kulinarische Höhenflüge mitten im Grünen vor den Toren Nürnbergs, das bietet die Gaststätte Beim Königshof.
Mitten im Wald, am Rande einer Kleingartenanlage, lädt sie zum Genießen mit allen Sinnen ein. Dem jungen Küchenchef Jörg Haberberger und seiner Mutter Renate Schramm gelingt es, traditionelle fränkische Küche und Exklusiv-Mediterranes unter einen Hut zu bringen. Kaum zu glauben, dass die Gaststätte ursprünglich eine unscheinbare Kleingarten-Kantine war. 1938 wurden die ersten Gärten angelegt, heute sind es rund 500. 1972 bekamen die Gartenfreunde eine Gaststätte für den kleinen Hunger, aus der sich nach und nach ein beliebter Anlaufpunkt für Genießer aus dem gesamten Nürnberger Land entwickelt hat.
Seit 1989 wird die Gaststätte von der Familie Schramm bewirtschaftet, und das mit ständig steigendem Niveau.
Gelernt hat Jörg Haberberger im Forsthaus in Fürth. Nach seiner Lehre sammelte er Erfahrungen unter anderem im namhaften Bayerischen Hof in München und im dortigen Königshof.
Seine wichtigsten Inspirationen hat er sich aber bei Starkoch Eckart Witzigmann auf Mallorca geholt, und er hütet sie noch heute wie einen wertvollen Schatz. So weht durch die fränkische Küche immer häufiger eine leichte Mittelmeer-Brise.
Köstliches wie Artischocken-Ravioli oder Lamm mit Zucchini und Oliven oder edler Fisch in herrlichen Variationen ist für viele Gäste nicht mehr von der Speisekarte des Königshofs wegzudenken. Daneben kommen aber auch Traditionalisten zu ihrem Recht, ein knuspriges Schäufele oder ein mürber Sauerbraten mit seidigen Klößen locken viele Gäste in die Idylle am Waldesrand. Seit einiger Zeit ziehen im Sommer noch weitere köstliche Düfte durch den Biergarten, die von saftigem Spanferkelbraten oder Lamm aus einem großen Holzbackofen und von frisch gegrillten Steaks und Bratwürsten vom Holzkohlegrill.
Von Mai bis September schwelgen die Grillfans in Köstlichkeiten von Schwein, Rind, Lamm und Pute.
Das ganze Jahr über richtet der junge Küchenchef die Speisekarte auch auf die Saison aus, von Spargel über Pilze und Kürbis bis hin zum traditionellen Gänsebraten im Winter. Auch die köstlichen Karpfengerichte finden das ganze Jahr über ihre Liebhaber.
Wie für einen Spitzenkoch selbstverständlich, bereiten Jörg Haberberger und sein Team jedes Gericht aus frischen Zutaten zu. Und das ist natürlich zeitaufwändig. „Gut Ding will Weile haben" sagt der Küchenchef, für den Essen nicht einfach nur Nahrungsaufnahme, sondern ein Stück Lebensqualität bedeutet.
Ein optisches Highlight in der Gaststätte

NÜRNBERG

Beim Königshof ist der traditionell zur Osterzeit geschmückte Brunnen im Hof. In liebevoller Kleinarbeit bereitet Renate Schramm mit Gesinnungsgenossinnen das ganze Jahr über den rekordverdächtigen Farbrausch vor. Prächtige Girlanden und Bögen aus 3200 Ostereiern, allesamt von Hand bemalt, werden über den Brunnen gezogen.

Damit kreiert Renate Schramm Jahr für Jahr einen der größten Osterbrunnen Nürnbergs, ein Rekord, über den schon oft in den Medien berichtet wurde und für den Renate Schramm über die Grenzen Nürnbergs hinaus bekannt ist.

Küchenchef Jörg Haberberger bringt frischen Wind in die fränkische Küche. Wer sein Restaurant besucht, sollte sich ruhig trauen, etwas zu probieren, das auf den ersten Blick unbekannt erscheint. Er wird nicht enttäuscht werden.

Mit Chorizo gefüllte Maispoulardenbrust auf schwarz-grünem Bohnengemüse mit Kartoffelgnocchi und weißem Tomatenschaum

Zutaten

Für die gefüllten Poulardenbrüstchen:

- 4 Maispoulardenbrüste
- 8 Scheiben Chorizo
- 12 Stangen breite Bohnen
- 150 g schwarze Bohnen
- 8 Kirschtomaten
- gespickte Zwiebel (1/2 Zwiebel, 1 Lorbeerblatt, 2 Nelken)
- 3 Scheiben Speck

Für das Bouquet-Gemüse:

- je 1 Stangensellerie, Karotte, Lauch
- 2 Schalotten, Petersilie

Für die Gnocchi:

- 250 g gekochte, gepresste Kartoffeln
- 90 g Mehl, 1 Eigelb
- 75 g Ricotta
- Salz, Pfeffer, Muskat

Für den Tomatenschaum:

- 8 reife Tomaten, 1 Knoblauchzehe
- 2 EL weißer Balsamicoessig, 1 EL Gin
- 8 Blätter frischer Basilikum
- 100 g Frischkäse, 50 g Olivenöl

Zubereitung

Haut von der Brust leicht lösen und die entstehende Tasche mit je 2 Scheiben Chorizo füllen, Fleisch auf der Hautseite kross anbraten, wenden und im Ofen bei 180 °C ca. 10 Minuten fertig braten. Schwarze Bohnen über Nacht in Wasser einweichen, dann mit der gespickten Zwiebel, dem Bouquet-Gemüse, einer Scheibe Speck und etwas Salz kochen, bis sie weich sind. Breite Bohnen in Rauten schneiden und in Salzwasser blanchieren. Kirschtomaten vierteln, den übrigen Speck in kleine Würfel schneiden und in etwas Olivenöl anschwitzen. Bohnen zugeben und mit Salz und frisch gemahlenem Pfeffer abschmecken. Zum Schluss die Tomatenviertel und etwas fein geschnittene Petersilie unterrühren. Die kalten, gepressten Kartoffeln mit Mehl, Ei, Ricotta, Salz, Pfeffer und Muskat zu einem Teig verkneten. Teig zu dünnen Rollen formen, in schräge Stücke schneiden und im Salzwasser blanchieren, in etwas Olivenöl anbraten.

Die Tomaten klein schneiden und mit Balsamico, Gin, Knoblauch, Salz und Pfeffer im Mixer pürieren, dann die Masse in einem feinen Tuch (ohne Duftstoffe gewaschen) abhängen lassen, bis der Fond herausgelaufen ist. Fond mit Basilikum etwas reduzieren lassen, dann Basilikum herausnehmen und Fond mit Frischkäse und Olivenöl aufmixen. Alles zusammen auf Tellern anrichten und servieren.

NÜRNBERGER ALTSTADTHOF

Der Altstadthof im historischen Nürnberger Stadtkern ist eine der traditionsreichsten Adressen in der fränkischen Metropole. Bereits im Jahr 1715 wurde das damalige Bräustüberl Zum Schwarzen Bauer erstmals urkundlich erwähnt. Entsprechend reich ist die Geschichte des Hauses, wie sich bereits am Gebäude zeigt. Das alte Patrizierhaus verströmt die Aura der guten alten Zeit, als sich die Bierherstellung noch nicht in der Hand einiger weniger Großkonzerne befand. Und diese Aura spiegelt sich auch im Inneren der kleinen Gaststube wider. 40 Gäste haben hier Platz, um das im Haus hergestellte Bockbier, Schwarzbier oder Rothbier zu genießen und einige Schmankerln dazu. Man sitzt auf bequemen Holzmöbeln und kann wählen unter Suppen und Brotzeiten, deftigen Brauhausmahlzeiten wie dem Braumeistersteak, fränkischen Spezialitäten wie Nürnberger Bratwürsten oder der Spezialität des Hauses, den „Vier im Bier": Nürnberger Bratwürste in Rothbiersauce mit abgeschmolzenen Zwiebeln und Krustenbrot, eine wunderbare Kombination aus würzig gebratenen Bratwürsten mit einer aromatisch-malzigen Soße. Wer sich zwischen den köstlichen Biersorten, die im Haus hergestellt werden, nicht entscheiden kann, der sollte die Probierpalette bestellen. Er bekommt dann jeweils ein 0,2 Liter-Glas von jeder Sorte, dazu noch einen Bockbierbrand aus der eigenen Bierdestille.
Neben der Gaststube verfügt der Altstadthof noch über eine populäre Kleinkunstbühne, in der regelmäßig Kabarettaufführungen, Musik und Bier(ver)führungen stattfinden. Besonders beliebt, vor allem bei jungen Leuten, ist der Gewölbekeller des Altstadthofs, der Musik- und Partykeller „Schmelztiegel". Hier wird das Bier nicht nur in Bierkrügen ausgeschenkt, sondern auch in Metern und in kleinen Fässern zum Selberzapfen. Zur Tradition des Hauses gehört aber auch der Blick nach vorn, in die Zukunft der Gastronomie und Bierbraukunst. Für diesen Blick ist seit 1997 der Wirt und Braumeister Reinhard Engel verantwortlich. Und sein Blick reicht weit über den Tellerrand, beziehungsweise den Rand des Bierhumpens, hinaus. Denn Reinhard Engel beschränkt sich nicht auf das Brauen köstlicher Biersorten, die den Altstadthof weit über die Grenzen Nürnbergs bekannt und berühmt gemacht haben, sondern sucht

auch ständig nach Möglichkeiten, aus den Grundstoffen der Bierherstellung neue Produkte zu kreieren. So gehören zum Angebot auch verschiedene Bieressige und auch ein Sortiment an wohlschmeckenden Bierdestillaten. Was den meisten Gästen neu erscheint ist in Wahrheit jedoch eine alte Tradition, die bis ins Mittelalter zurückreicht. Reinhard Engel fand im Nachdruck eines Buches aus dem Mittelalter Hinweise zum

Nürnberger Altstadthof

Bergstraße 19-21
90403 Nürnberg

Telefon 0911 / 44 98 59
Telefax 0911 / 44 98 59

NÜRNBERG

Vier im Bier

für eine Person

Zutaten

4 Nürnberger Rostbratwürste
1 EL Schweineschmalz
1 kleine Zwiebel
1 EL Mehl
200 ml Nürnberger Rothbier
Salz
Pfeffer
Petersilie

Zubereitung

Schweineschmalz in der Pfanne erhitzen, Bratwürste anbraten, Zwiebelringe zugeben, glasig werden lassen. Mit Mehl bestäuben, gut anbräunen. Mit Nürnberger Rothbier ablöschen, mit Salz und Pfeffer abschmecken und bei geringer Wärme ca. 10 Minuten schmoren lassen.
Mit Petersilie garnieren und mit Krustenbrot servieren.
Guten Appetit.

Brauen, aber auch zum Destillieren von Bier und zur Herstellung von Bieressig. Der war in früheren Zeiten besonders in Landstrichen gefragt, wo es wenig Wein gab, aus dem man Essig hätte herstellen können. Der Bieressig erinnert geschmacklich übrigens an Aceto Balsamico, einen Essig aus Italien, der schon seit längerem in keiner Küche fehlen darf. Braumeister Engels Experimentierfreude ist damit aber noch lange nicht erschöpft: Man darf gespannt sein! Dass man sich im Altstadthof nicht mit Blicken zurück aufhält, zeigt sich auch daran, dass die kleine Brauerei, die pro Jahr etwa 1000 Hektoliter produziert, die erste Ökobrauerei der Welt war. Seit Wiedereröffnung auf der Basis des alten Braurechts im Jahre 1984 wird nur mit ökologischem Hopfen und Malz gebraut und auf jegliche Hilfsmittel verzichtet. Wer mehr über die Bierherstellung in Nürnbergs letzter Kleinbrauerei erfahren möchte, der kann auch an den regulären Führungen durch die historischen Gewölbe teilnehmen, oder eine Bier(ver)führung buchen. Man erfährt hier alles über die alte Art, Bier zu brauen und Schnaps zu brennen und sieht, wie das Bier in den Kellern reift, natürlich nicht, ohne auch einen Schluck zu probieren. Reinhard Engel ist Braumeister mit Leib und Seele, wenn er vom Bier spricht, dann spürt man seine Liebe zum Gerstensaft. Und dabei hält er es mit Martin Luther, der sagte:
„Wer kein Bier hat, hat nichts zu Trinken"

AISCHGRÜNDER BIERSTRASSE

Bierfreunde schätzen den traumhaft schönen Steigerwald: Hier gibt es bis heute viele kleine Brauereien, die stolz darauf sind, ihr ureigenes Bier nach alten, überlieferten Rezepten zu brauen. Aus diesem Grund wurde vor einiger Zeit die Initiative „Aischgründer Bierstraße" ins Leben gerufen: Sie führt durstige Gäste im Landkreis Neustadt an der Aisch-Bad Windsheim durch acht Familienbrauereien. Hier kann man sich wirklich sicher sein, dass nur das Allerbeste an Gerstenmalz, Hopfen und Brauwasser in die Braukessel gelangt.

Mit Pferdekutschen werden die Teilnehmer von Brauerei zu Brauerei gefahren. Es geht vorbei an sanften Hügeln, durch alte, verwunschene Wälder und durch die schönen Ortschaften des Steigerwalds mit ihren typisch fränkischen Fachwerkhäusern und Plätzen. Neben guter Stimmung ist bei diesem Ausflug noch ein weiteres garantiert: Es werden nur chemisch unbehandelte, naturbelassene Biere ausgeschenkt. Jede Brauerei steht mit ihren Biersorten für fränkische Brautradition und für ein ganz besonderes, unverwechselbares Geschmackserlebnis – ein echtes Aha-Erlebnis für den Biertrinker, der sonst nur Bier von großen

STEIGERWALD

Brauereien bekommt, denn bei dieser geschmacklichen Vielfalt kann man mit etwas Hintergrundwissen und Übung sogar die Unterschiede im entsprechenden Brauprozess herausschmecken.

Bei den niveauvoll gestalteten Bierführungen werden neben köstlichem Bier ein deftiges fränkisches Mittagessen und eine zünftige Brotzeit am Abend serviert - auch Übernachtungen in gemütlichen fränkischen Landgasthöfen oder Hotels sind buchbar. An den Ein- oder Drei-Tages-Programmen auf der „Aischgründer Bierstraße" können 8 bis 60 Personen teilnehmen. Beim Ein-Tages-Programm werden sie bei einer Brauereibesichtigung unter fachkundiger Anleitung in die Geheimnisse des Bierbrauens eingeführt. Danach lernen sie in einem Anzapfkurs, wie sie eigenständig und professionell zum Gerstensaft kommen.
All diese Erlebnisse bietet auch das Drei-Tages-Programm. Zusätzlich gibt es für alle passionierten Bierfreunde die einmalige Gelegenheit, den ehrenhaften Titel Dr. b.c. (bierologis causa) zu erwerben. Verbrieft auf einer edlen Urkunde sorgt dieser Ehrentitel, der nicht bierernst genommen werden sollte, bei den nächsten Treffen mit Ihren Freunden bestimmt für viel Gesprächsstoff... Eines ist sicher: Ob Sie sich einen oder drei Tage lang auf der „Aischgründer Bierstraße" in die Geheimnisse der Biervielfalt des Steigerwalds einführen lassen - der Spaß und das Beisammensein mit netten Gleichgesinnten steht an oberster Stelle. Und das garantiert eine unvergessliche Zeit mit Genüssen, die ihresgleichen suchen.

NATURPARK STEIGERWALD

Tourismusverband Steigerwald

Hauptstraße 1
91443 Scheinfeld

Telefon 0 91 62 / 1 24 24
Telefax 0 91 62 / 1 24 33

Mitten im Herzen Frankens, zwischen den großen historischen Städten Nürnberg und Würzburg, zwischen Bamberg und Rothenburg ob der Tauber, zwischen den Flüssen Main und Aisch, liegt „das Genussland zwischen Wein und Bier", der Steigerwald. Schon in der Altsteinzeit, vor 80 000 Jahren, lebten Menschen in dieser Region. Zuerst siedelten sich die Kelten, dann die Alemannen an. Später bestimmten das erste rechtsrheinische Zisterzienserkloster Ebrach und das Bistum Bamberg die Geschichte des nördlichen Steigerwaldes. Im Westen hatte der Bischofssitz Würzburg das Sagen. Die Markgrafschaft Ansbach-Bayreuth und das Fürstentum Schwarzenberg besaßen die größten Ländereien im Süden. Zwischen 1803 bis 1810 wurde der Steigerwald nach und nach zu Bayerischem Gebiet.

„Das Herz Frankens" bietet für jeden besondere Highlights: Ob für Auto- oder Motorradfahrer, für sportliche Radler oder Wanderer. Überall gibt es grandiose Aussichten, malerische Ortschaften und kulinarische Höhepunkte zu entdecken. Schon der große Dichterfürst Goethe war begeistert vom Steigerwald. Er schrieb, dass hier der Süden beginne, der Himmel einfach blauer und das Leben beschaulicher sei als anderswo. Bis heute hat sich das grüne, waldreiche Mittelgebirge seine Beschaulichkeit bewahrt. Bettenburgen, Touristenströme oder große Industriegebiete sucht man hier vergebens. Dafür findet der Gast idyllische Wälder, romantische Hügellandschaften, historische Städte und bedeutende Baudenkmäler. Als Perle aller Schlösser im Steigerwald gilt Schloss Weißenstein in Pommersfelden.

SCHEINFELD

Lothar Franz von Schönborn hatte es 1711-1718 als Sommersitz und Jagdresidenz errichten lassen. Das prächtige Schloss ist zum größten Teil ein Werk des Wiener Baumeisters Lukas von Hildebrand. Die große Gemäldegalerie besitzt herausragende Werke bekannter europäischer Maler. Im Sommer können Klassikfans in historischem Ambiente die Schlosskonzerte besuchen, ein unvergessliches Erlebnis für Musikliebhaber. Neben landschaftlichen und kulturellen Superlativen hat der Steigerwald auch kulinarisch viel zu bieten. Die Region bietet Spezialitäten vom weithin bekannten Aischgründer Spiegelkarpfen über köstliches Wildbret aus den würzig duftenden Wäldern bis hin zu zartem Lamm von den saftigen, hügeligen Weiden. Jede dieser Köstlichkeiten wird von verschiedenen Städten und Orten im Rahmen spezieller Genießerwochen in höchster Perfektion und in allen erdenklichen wunderbaren Variationen serviert. Dazu gibt es von köstlichem Bier über erlesenen Wein bis hin zu aromatischen Bränden alles, was eine Mahlzeit perfekt abrundet. Die charaktervollen fränkischen Biersorten haben Freunde in aller Welt gefunden, und im Steigerwald haben Ge-

nießer sogar die Möglichkeit, ihrer Leidenschaft auf einer eigenen Bierstraße zu frönen. Die Alternative für Weinfreunde ist ein Weingenießer-Wochenende an der Mittelfränkischen Bocksbeutelstraße. Auch hier können sich Gruppen mit dem Planwagen durch den Steigerwald kutschieren lassen und unterwegs die edlen Tropfen verschiedener Weingüter der Region verkosten. Abgerundet wird dieses Erlebnis mit def-

tigen fränkischen Spezialitäten, die zwischen den einzelnen Stationen serviert werden.
Ob mit dem Rucksack, auf dem Rad oder mit dem Auto oder dem Motorrad, der Steigerwald bietet Genuss auf allen Ebenen, und wer einmal die Gastfreundschaft und den Charme der Region erlebt hat, kommt immer wieder gerne zurück.

ARNSTEINER BRAUEREI MAX BENDER

Unter den fränkischen Brauereien stellt die Arnsteiner Brauerei Max Bender eine Besonderheit dar, denn sie ist die einzige, die von einer Frau geführt wird. Und das bereits in der zweiten Generation: Von ihrer Mutter hat die promovierte Juristin Dr. Susan Schubert die Brauerei 1984 übernommen und führt damit die lange Tradition der Bierbraukunst ihrer Familie mittlerweile in der zehnten Generation fort. Susan Schubert blickt mit Stolz auf ihre Ahnenreihe; Im Jahr 2007 wird ihre Familie 300 Jahre lang Bier gebraut haben. Zu ihren Vorfahren gehört Friedrich Heinrich, der Gründer des deutschen Brauerbundes und der ersten Berufsgenossenschaft.

Seit 1885 befindet sich die Arnsteiner Brauerei Max Bender im Besitz der Familie Schubert und kann somit auf eine lange Tradition zurückblicken. Der Urgroßvater Georg Bender machte aus der Not eine Tugend, denn als zweitgeborener Sohn konnte er die Brauerei seines Vaters nicht übernehmen. Nach seinen Wanderjahren stieß er in Arnstein auf eine stillgelegte Brauerei. Die Stadt gefiel ihm, und so gründete er dort eine neue Brauerei, die bis heute ein feines und weit über die Grenzen Arnsteins be-

Arnsteiner Brauerei
Max Bender

Schweinfurter Straße 9
97450 Arnstein

Telefon 0 93 63 / 9 09 10
Telefax 0 93 63 / 90 91 11

ARNSTEIN

liebtes Bier produziert.

Trotz moderner Brau- und Abfüllanlagen wird die handwerkliche Tradition des Bierbrauens gepflegt. Alle Biere werden nach dem Deutschen Reinheitsgebot aus dem Jahr 1516 gebraut.

Bester Beweis für die erfolgreiche Kombination von Tradition und modernster Brautechnik ist das Herzog von Franken-Bier, das in kurzer Zeit zum erfolgreichsten Bier der Region wurde.

Unter den insgesamt zehn Sorten gibt es darüber hinaus noch ein schmackhaftes Pils, ein Dunkles und das Ernte-Hell, ein süffiges Bier, das zur Stärkung der Erntearbeiter gebraut wurde. Außerdem das naturtrübe Kellerbier, eine unfiltrierte Spezialität mit feinherber Note, und die Hexe, ein vollmundiges, harmonisches Bier, das vor allem junge Leute anspricht.

Bei der Herstellung der unterfränkischen Bierspezialitäten und der ausgewählten Palette an alkoholfreien Frischgetränken findet Wasser aus dem eigenen Tiefbrunnen Verwendung, das für höchste Qualität sorgt. Außerdem werden die Biere nur mit Qualitätsbraumalz aus Gerste der heimischen Region eingebraut. Hergestellt wird dieses Malz in der familieneigenen Mälzerei Günther Schubert in Schweinfurt, die ihre Qualitätsbraumalze bundesweit vertreibt.

Der Leitsatz „Aus der Region, für die Region" und der hohe Qualitätsanspruch bilden die Grundpfeiler der Geschäftsphilosophie. Neben der Heimatverbundenheit und der Traditionspflege ist der Brauerei die kundenorientierte Arbeit besonders wichtig. Der Service reicht von Heimdienst bis zur Belieferung großer Feste.

So gelingt es der mittelständischen Privatbrauerei, sich auf dem hart umkämpften Biermarkt erfolgreich zu behaupten.

Durch die Betriebsgröße entstehende Nachteile gleicht man durch persönlichen Einsatz und effektive Zusammenarbeit innerhalb der natürlich gewachsenen Brauerei aus.

Wer die Arnsteiner Bierspezialitäten probieren möchte, der sollte die Brauerei mit ihrem sehenswerten Sudhaus besichtigen und die Führung im Bräustübl ausklingen lassen.

Den Brauereiausschank mit Biergarten gibt es schon seit der Gründung im Jahr 1885. In diesem Haus hat die Brauer-Familie Bender auch gewohnt, noch Susan Schuberts Mutter wurde dort geboren.

Im Biergarten gibt es als Unterlage für das gute Bier auch leckere, kleine Gerichte und Brauerspezialitäten.

Der Erfolg der Arnsteiner Brauerei spricht für sich selbst und lässt sich nicht nur am Ausstoß von 28 000 Hektolitern pro Jahr messen, sondern auch daran, dass die Zahl der Mitarbeiter um mehr als die Hälfte gestiegen ist. Susan Schubert will die alte Braukultur und die Geschmacksvielfalt des Bieres erhalten.

Das gelingt ihr in Arnstein - hoffentlich noch lange.

ALTE BRENNEREI WECKLEIN

Wer den Laden der Alten Brennerei Wecklein im Souterrain eines schönen alten Bauernhauses in Arnstein-Binsbach betritt, der wird überrascht sein von der erstaunlichen Vielfalt an Bränden und Schnäpsen, die hier geboten wird. Neben klassischen Bränden wie Williamsbirne, Zwetschgen- oder Kirschwasser stehen für den Liebhaber feiner Destillate über 30 weitere Sorten zur Auswahl.

Aus so gut wie jeder Frucht, die Fruchtzucker enthält, versucht Günther Wecklein einen Brand herzustellen, der den Ansprüchen seiner Kunden, und selbstverständlich auch seinen eigenen, genügt. Die Palette reicht von Hagebutte und Schlehe über Vogelbeere und Quitte bis hin zu Johannisbeere, Erdbeere, Apfel und Reneklode, einer sehr seltenen Frucht, die ihre Heimat in Franken hat.

Mit viel Liebe und Fingerspitzengefühl brennt Günther Wecklein seine Früchte, die er entweder von seinen eigenen 350 Bäumen erntet oder aus der Region bezieht. Dabei achtet er stets auf beste Qualität seines Rohmaterials. Wochenlang ist er auf den Höfen der Gegend mit seinem Refraktometer unterwegs. Mit diesem Gerät bestimmt er den Zuckergehalt der Früchte und wählt danach jene aus, die von ihm vergoren und destilliert werden. Während in früheren Zeiten Schnaps aus Früchten hergestellt wurde, die nicht mehr zu vermarkten waren, wählt man in der Alten Hausbrennerei Wecklein heute nur die besten aus. Nur voll duftende, geschmackssatte Früchte mit optimalem Reifegrad werden eingemaischt, vergoren und gebrannt, eine Mühe, die am Aroma sofort spürbar wird.

Der Kenner schmeckt natürlich auch heraus, dass hier auf den Zusatz von Konservierungs- und Schönstoffen verzichtet wird. All dies, und ein kleines Brenner-Geheimnis, das Günther Wecklein allerdings für sich behält, garantiert die gleichbleibend hohe Qualität seiner Produkte. Diese absolute Reinheit der Brände ist eher die Ausnahme als die Regel unter den Schnapsbrennern. Das zeigt auch die Tatsache, dass die Alte Hausbrennerei Wecklein die einzige Destille in Main-Spessart ist, die in der Vereinigung Fränkischer Edelbrenner e.V., dem Rosenhut, vertreten ist.

Um Mitglied in diesem Verein zu werden, muss man die hohe Qualität seiner Brände nachweisen.

Abgefüllt wird nur der so genannte Mittellauf, Vor- und Nachlauf enthalten zu viele Fuselstoffe, die den milden Geschmack des Brandes zerstören würden. Bei der Reifung setzt Günther Wecklein auf Glasballons und Eschen- oder Eichenfässer, was in diesem Fall dem Brand seinen honiggelben Farbton verleiht.

1995 hat Günther Wecklein die Brennerei von seinem Vater Alfred übernommen. Der hatte 1949 mit der Schnapsbrennerei begonnen, um als Landwirt im Winter einen Zuverdienst zu haben.

Von Kindesbeinen an hat Günther Wecklein

Alte Brennerei Wecklein

Ammannstraße 9
97450 Arnstein-Binsbach

Telefon 0 93 63 / 16 02
Telefax 0 93 63 / 14 24

ARNSTEIN-BINSBACH

also die Faszination des Brennens hautnah erlebt und dabei eine Kreativität entwickelt, die ihn heute weit über die Grenzen Binsbachs hinaus berühmt gemacht hat, ihre Kunden findet die kleine Brennerei buchstäblich von Sylt bis Berchtesgaden.

Immer wieder experimentierte der Brenner mit neuen Sorten, die begeistert aufgenommen wurden.
Besonders stolz ist man auf den Speierlingsbrand. Diese Rarität erreichte 1996 bei einer internationalen Degustation in Geisenheim den ersten Platz. Diesen Spaß am Ausprobieren hat sich Günther Wecklein erhalten und man darf sich freuen, auf die nächsten neuen Kreationen aus der Alten Brennerei Wecklein.

HERZOGSPARK

Hotel HerzogsPark

Beethovenstraße 6
91074 Herzogenaurach

Telefon 0 91 32 / 77 80
Telefax 0 91 32 / 4 04 30

In der Sportstadt Herzogenaurach geben sich die Genießer, darunter auch viele Prominente, die Klinke in die Hand.
Das liegt nicht zuletzt daran, dass sie dort mit dem Hotel HerzogsPark einen Ort vorfinden, an dem es sich ungestört genießen und entspannen lässt.
Nach dem Durchschreiten der antiken, reich verzierten Holztür am Haupteingang empfängt den Besucher eine andere Welt.
Farbenprächtige Kunstwerke und eine hohe, luftige Empfangshalle mit einer gut sortierten Bibliothek auf einer Empore lassen den Alltag in den Hintergrund treten.
An der Rezeption wird man vom Personal mit natürlicher Herzlichkeit begrüßt.
Schon hier macht sich die Devise des Hauses „Gastlichkeit ganzheitlich erleben" aufs Angenehmste bemerkbar.
Das Hotel HerzogsPark blickt stolz auf eine erfolgreiche Geschichte zurück.
1972 wurde es von Adidas-Gründer Adi

HERZOGENAURACH

Dassler anlässlich der Olympischen Spiele in München als Gästehaus unter dem Namen Sporthotel Adidas eröffnet.

Das Restaurant Mondial und die Hotelbar stammen noch aus dieser Zeit. Ein Blick auf die Fotogalerie in der Bar beweist: Hier fühlen sich seit Jahren Prominente wie Franz Beckenbauer, Uwe Seeler, Hans-Dietrich Genscher, Elke Sommer oder Monika Hohlmeier wie zu Hause.

Seit dem rigorosen, aber durchdachten Umbau 1993 präsentiert sich das Hotel mit neuem Namen und modernem, stilsicherem Ambiente. Für sein vorbildliches Konzept ist das Hotel HerzogsPark mit vielen Preisen und Ehrentiteln überschüttet worden.

Einen wesentlichen Beitrag dazu leisteten sicher auch die farbenfrohen Bilder, Skulpturen und Kunstgegenstände der bekannten Erlanger Künstlerin Màra!, einer Freundin des Hauses. Die Kunstwerke ziehen sich, wohldosiert und gekonnt in Szene gesetzt, wie ein roter Faden durch das gesamte Haus und sorgen so für ein einheitliches, aber nie langweiliges Gesicht.

Auch das Feinschmecker-Restaurant Mondial ist mit Màra!-Bildern geschmückt.

In der Küche führt Andreas Bockel das Regiment. Unter seiner Regie kommen Köstlichkeiten aus der Region genau zum richtigen Zeitpunkt auf den Tisch.

Schon bei den Vorspeisen gerät man ins Schwärmen.

Ein Beispiel für ein Schmankerl-Menü à la Mondial: Fränkische Ziegenkäse-Terrine im Auberginen-Zucchini-Mantel mit Pepperoni-Vinaigrette, Saltimbocca vom Seeteufel, danach ein Basilikumsorbet.

HERZOGSPARK

kaltem Guss und gemütlichem Erholungsbereich weitergehen.
Gleich nebenan lädt das hauseigene Hallenbad mit Mosaik-Dekorationen von Màra! zum Bahnenziehen ein.
Und abschließend können noch die jeweiligen Experten mit Massage- oder Kosmetikbehandlungen ihr Können beweisen.
Firmen nutzen gerne die perfekt ausgestatteten Tagungsräume mit den vorgelagerten Entspannungsinseln.
Auch das Wohnen wird im Hotel HerzogsPark zum echten Erlebnis. 85 Zimmer machen die Übernachtung zum Genuss. Keines der Zimmer ist unter 38 Quadratmeter groß und einige der Räume sind als Themenzimmer gestaltet.
Bei so viel herzlicher Gastfreundlichkeit dauert es bestimmt nicht lange bis zum nächsten Besuch im Hotel HerzogsPark.

Als Hauptgang folgen mit Kräuterkäse gefüllte Kalbsröllchen und Tomatenrisotto, den süßen Abschluss bildet ein Zwetschgenschlupfer mit Vanillespuma und Pralineneis.
Ein reich sortierter Weinkeller sorgt für den richtigen Tropfen zum edlen Menü.
Sehr beliebt sind auch die sonntäglichen Themenbrunches in den gemütlichen Nischen des Restaurantbereichs. Bei solchen kulinarischen Höhenflügen können auch namhafte Küchenchefs nicht widerstehen, und deshalb wird im Hotel HerzogsPark einmal jährlich eine festliche Kochgala veranstaltet. Köche aus der Region, aber auch aus anderen Gegenden Deutschlands kochen gemeinsam mit Andreas Bockel Köstliches für die Gäste.

Seit Jahren ist Starkoch Alfons Schuhbeck dabei eine feste Größe in der Küche.
Der Erlös der Gala kommt wohltätigen Zwecken zugute.
Wer sich bei der nächsten Kochgala verwöhnen lassen möchte, sollte rechtzeitig einen Platz reservieren.
Nach dem in jedem Fall denkwürdigen Essen im Mondial können sich die Gäste im großzügigen Wellnessbereich des Hotels HerzogsPark verwöhnen lassen.
Geschäftsführer Wolfgang Leyrer beschäftigt für die unterschiedlichen Anwendungen nur die besten Therapeuten, um seinen Gästen vollkommene Entspannung zu bieten.
Im Untergeschoss des Hotels wartet auf die Gesundheitsbewussten ein großer Fitnessraum mit vielen Geräten der neuesten Generation.
Danach könnte der Wellnesstag mit einem Besuch der großen Sauna mit Tauchbecken,

Tiramisu vom Matjes

Zutaten für ca. 20 Scheiben:

1,5 l kräftiger, klarer Fischfond
27 Blatt Gelatine
300 g feine Gemüsewürfel (blanchiert)
350 g Sauerrahm, 5 Blatt Gelatine
Saft von 1 Zitrone, Salz und Pfeffer
400 g Matjesfilets (Sherrymatjes, Rauchmatjes)
600 g Pumpernickel
1 Terrinenform (Tunnel)

Zubereitung

Pumpernickel trocknen lassen und fein zerbröseln, Gelatine in heißem Fischfond auflösen, einen Teil unter Pumpernickel mischen, auf Blech mit Klarsichtfolie 1 cm hoch ausgießen und abkühlen lassen. Pumpernickelgelee in Größe der Terrinenform zuschneiden und Form damit auslegen. Für den Deckel und Terrinen-Mitte zwei weitere Streifen in Terrinengröße vom Gelee schneiden. Eine Lage abgetropften Matjes in Terrine legen, mit Gemüsewürfeln bestreuen, mit Gelee angießen und fest werden lassen. Sauerrahm mit Salz und Pfeffer würzen, 5 Blatt Gelatine im Zitronensaft auflösen und unterrühren, einen Geleestreifen in Terrine legen, Sauerrahm 1 cm hoch darauf verteilen und fest werden lassen. Restliche Matjesfilets und Gemüsewürfel in die Terrine geben, mit Gelee aufgießen und fest werden lassen. Mit etwas flüssigem Fischgelee einpinseln und den Pumpernickeldeckel darauf legen. Mit Klarsichtfolie einschlagen und 3 Stunden durchkühlen lassen. Matjestiramisu vorsichtig stürzen und in Scheiben schneiden. Je eine Scheibe auf einen Teller mit Kräuterschaum setzen und mit marinierten Salatblättern umlegen.

Seeteufel an der Gräte gebraten mit Muscheln und Fenchel in Safran-Gewürzsud

Zutaten

800 g Seeteufel mit Mittelgräte, ohne Haut
Salz, Pfeffer aus der Mühle
2 EL Mehl zum Wenden
5 EL Olivenöl
2 geschälte Knoblauchzehen
2 Thymianzweige
150 g gewürfeltes Gemüse
(Karotte, Staudensellerie, Zucchini, weiße Zwiebel, Fenchel)
1 Msp mildes Paprikapulver
1/2 frische Chilischote
320 g Bouchot-Muscheln (kleine Miesmuscheln)
0,1 l trockener Weißwein
0,1 l Fischfond
1/2 EL geriebene rohe Kartoffel
8 abgezogene, in Olivenöl gebratene Cocktailtomaten
4 EL gehacktes Fenchelgrün
gezupfte Fenchelspitzen zum Anrichten

Zubereitung

Seeteufel mit Salz und Pfeffer würzen und in Mehl wenden. 3 EL Olivenöl in einem ofenfesten Bräter erhitzen und Seeteufel von beiden Seiten anbraten. Eine Knoblauchzehe und die Thymianzweige hinzufügen. Bei 170 °C im Ofen 12 Minuten garen lassen. Für Muscheln 2 EL Olivenöl in einem Topf erhitzen und das Gemüse darin anschwitzen, eine Knoblauchzehe fein hacken, hinzufügen. Safran, Curry, Paprika und Chili kurz mit anschwitzen. Muscheln dazugeben; Weißwein und Fischfond angießen. Muscheln bei geschlossenem Deckel 10 Minuten garen, bis sie sich geöffnet haben. Mit Schaumlöffel herausheben und warm stellen. Den Sud mit der geriebenen Kartoffel binden, einmal aufkochen. Den Seeteufel quer zur Mittelgräte in 4 Portionen schneiden. Mit Muschelsud aufgießen. Mit Muscheln, Tomaten und Fenchelspitzen dekorieren.

FRÄNKISCHE BIERTRADITION

BAMBERG

Die Fränkische Bierkultur begleitet den Besucher Bambergs auf Schritt und Tritt. Nicht umsonst nennt sich die verwinkelte Domstadt voller Stolz auch „Bierstadt". Das Bamberger Braugewerbe kann auf eine rund 900-jährige Tradition zurückblicken. Klöster und Stifte haben die Bürger als erste Braustätten mit Bier versorgt. Und schon im 12. Jahrhundert wurde Bier aus Bamberg als wertvolles Gut exportiert. Bier hat in Bamberg eine ganz besondere Stellung: Bei schönem Wetter strömen die Bamberger schon ab April in Scharen auf die Keller in der Stadt und im Landkreis. Dort zelebrieren sie das erste Glas Gerstensaft unter freiem Himmel. Die Keller hatten die fleißigen Bamberger Mitte des 19. Jahrhunderts in den Sandstein unter dem Stephansberg und dem Kaulberg gegraben. So gab es das ganze über Jahr köstlich frisches und kühles Bier.

Wer einen umfassenden Eindruck von der historischen Bier- und Kaiserstadt Bamberg gewinnen will, muss sich auch in den Untergrund wagen, genauer gesagt in die historischen Kreuzgewölbe auf dem Michaelsberg. Dort wartet das Fränkische Brauereimuseum auf Besucher.
In der ehemaligen Braustätte der Benediktiner finden sich Sud- und Kühlhaus, Gär-, Lager- und Filterkeller, Flaschen- und Fassabfüllung, Eiskeller, Mälzerei- und Büttnerabteilung.
Etwa 1000 Ausstellungsstücke dokumentieren die wechselvolle Geschichte des Brauwesens in Bamberg. Nach diesem Besuch werden Sie Bier mit anderen Augen sehen.

Fränkische Biertradition

Noch heute gibt es in Bamberg zehn eigenständige Privatbrauereien, von denen jede im Durchschnitt drei Sorten Bier braut. Das bekannteste und außergewöhnlichste ist sicherlich das Bamberger Rauchbier. Noch heute wird es unter anderem in der traditionsreichen Rauchbier-Wirtschaft „Schlenkerla" in der Sandstraße ausgeschenkt. Mitten in der Altstadt Bambergs, zu Füßen des hohen Doms, liegt der historische Brauereiausschank.

So finden das ganze Jahr hindurch Bierfreunde aus aller Welt den Weg in die gemütliche Gaststube. Urkundlich fand der Ausschank erstmals 1405 Erwähnung, heute wird er in der sechsten Generation von der Familie Trum geführt. Eine Tradition, die für die Liebe zum Rauchbier und zu den Gästen spricht. Die dunklen, ochsenblut-imprägnierten Balken berichten von der jahrhundertealten Geschichte des ursprünglichen Dominikanerklosters. Der Bereich des Alten Lokals erscheint erstmals 1405 in einer Urkunde, die Dominikanerklause findet sogar schon 1310 ihre erste Erwähnung, damals als Hauskapelle des früheren Klosters.

Wer hier sein Rauchbier trinkt, nimmt mit jedem Schluck auch ein Stück Geschichte in sich auf. Was soviel Tradition hat, darf nicht im Metallcontainer landen. Deshalb wird das Aecht Schlenkerla Rauchbier, wie es schon seit Jahrhunderten der Brauch ist, hier im Ausschank noch direkt vom Eichenholzfass gezapft.

Das Geheimnis des Rauchbiers liegt im Buchenholz: Um die Keimung der Braugerste vor dem Mälzen zu beenden, muss das Grünmalz getrocknet oder vielmehr gedarrt werden.

Der entscheidende, geschmackgebende Faktor ist ein Buchenholzfeuer unter der Darre, das die Trocknungsluft erwärmt. Der dabei enstehende Rauch verleiht dem Malz das unverwechselbare Aroma.

Eins ist sicher: Der erste Schluck Schlenkerla Rauchbier ist zwar ungewohnt, aber schon bald gewöhnt man sich an den rauchigen Geschmack und viele verzichten nur schweren Herzens auf ein weiteres Glas …

BAMBERG

BOOTSHAUS IM HAIN

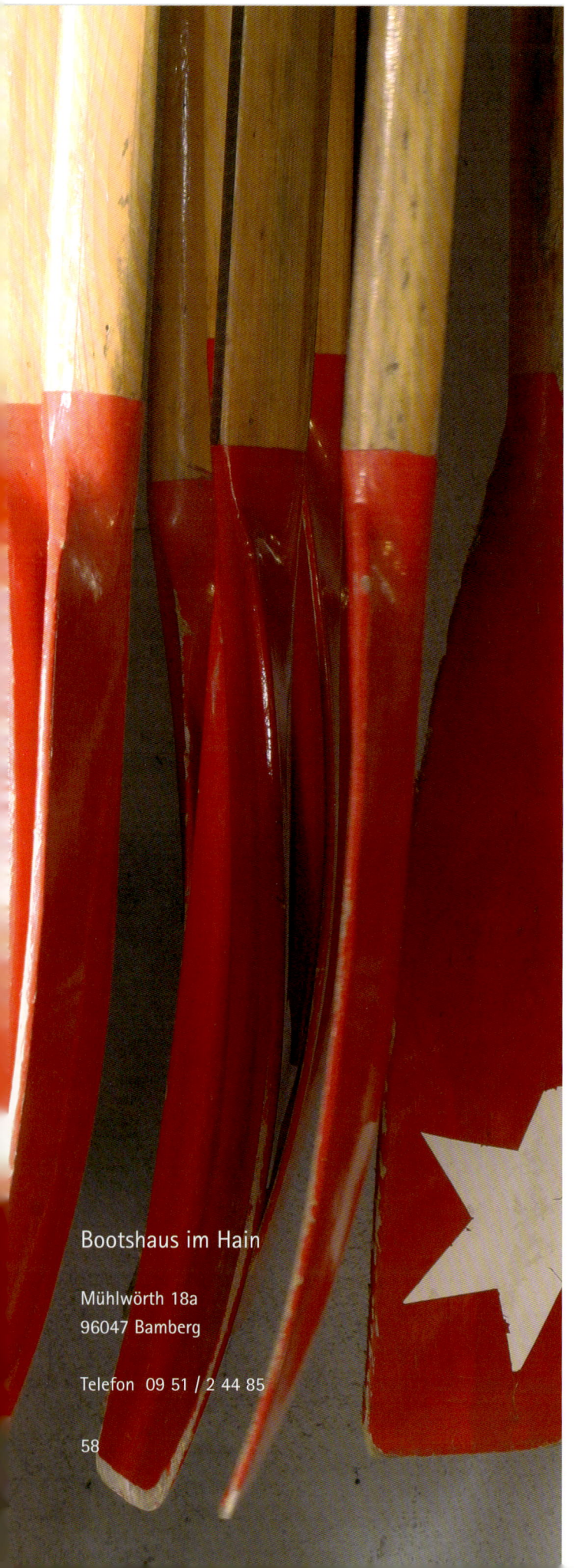

Bootshaus im Hain

Mühlwörth 18a
96047 Bamberg

Telefon 09 51 / 2 44 85

Wer sich von der Bamberger Innenstadt aus in Richtung Süden auf den Weg macht, der kommt zunächst ins mondäne Villenviertel der Stadt. Hier, im so genannten Inselgebiet zwischen dem rechten und dem linken Arm der Regnitz, reihen sich schöne und gepflegte Villen aus der Gründerzeit aneinander. Lebhaft kann man sich vorstellen, wie seinerzeit das gehobene Bürgertum residierte, dessen männliche Nachkommen sich standesgemäß sportlich betätigten: mit Rudern. Entsprechend nah an ihren Mitgliedern hat sich bereits im Jahr 1884 die Bamberger Rudergesellschaft niedergelassen. Direkt am linken Regnitzarm musste man durch den Theresien-Hain gehen, einen kleinen Wald, bis man durch ein großes Tor das Vereinsgelände betrat. Der Theresien-Hain ist noch immer ein beliebtes Naherholungsgebiet für Bamberger und für Besucher der Stadt, und noch immer öffnet sich praktisch mitten im Wald das große Tor zur Rudergesellschaft. Wer heute durch das Tor tritt, der befindet sich im Unterschied zu damals allerdings in einem wunderschönen Biergarten. Im Bootshaus sitzt man unter alten Eichen, mit Blick auf das Vereinsheim, das 1906 erbaut wurde, und auf das Wasser der Regnitz. An Bierbänken oder an Tischen sitzt man in einem noch immer großbürgerlichen Ambiente, in aller Ruhe, denn hier stört weder Autolärm noch Schifffahrtsverkehr. Hin und wieder zieht ein Schwimmer aus dem Hainbad, einem Flussbad ein wenig nördlich des Bootshauses, seine Runden durch den Fluss, während man selbst bei einem kühlen Bier und einem leckeren Essen ihn dabei beobachtet. So großbürgerlich das Ambiente, so familienfreundlich ist das Angebot des Bootshauses. Auf der Speisekarte stehen typische Biergartengerichte wie Bratwürste mit Sauerkraut oder Schnitzel Wiener Art mit Pommes Frites. Sehr zu empfehlen sind auch die Pellkartoffeln mit Quark und frischen Zwiebeln. Darüber hinaus bietet die Küche aber auch internationale Spezialitäten wie zum Beispiel gebratene Nudeln aus dem Wok mit Gemüse oder einen Salatteller „Orientalisch": Hähnchenfilets mit Curry, Früchten und Baguette. Außerdem gibt es, je nach Saison, auch herbstlich-aromatische Wildgerichte. Dazu trinkt man ein kühles Glas Bier oder Wein. Das Angebot an Weinen beschränkt sich im Bootshaus nicht auf edle Tropfen aus Franken, auch italienische, portugiesische oder spanische Lagen sind vertreten. Familienfreundlich sind aber vor allem die Preise. Eine vierköpfige Familie muss hier beileibe kein Vermögen ausgeben, um nach einem wohlschmeckenden Essen satt den Tisch zu verlassen. Das Bootshaus war zunächst die Vereinsgaststätte der Bamberger Rudergesellschaft. Und auch heute ist die Gaststätte ein beliebter Treffpunkt der Bamberger. Im großen Saal, der gut 350 Personen fasst, finden fast täglich Familienfeiern oder Firmenveranstaltungen statt, außerdem gibt es Konzerte oder Kabarettaufführungen. Seit Jahrzehnten legendär sind die Faschingsbälle im Bootshaus, ein absolutes Muss für alle Party-Fans mit Lust auf schrille und phantasievolle Kostüme. Im Sommer wird gefeiert: An Wochenenden heizen Live-Bands den Gästen ein, während

BAMBERG

auf dem Grill und im Wok die leckersten Gerichte brutzeln. Ein besonderes Highlight sind Fahrten auf der Regnitz mit echten venezianischen Gondeln, freitags bis sonntags von 14 bis 17 Uhr. Am Bootshaus fahren sie los und bringen ihre Passagiere beispielsweise zu einem nahe gelegenen Wasserschloss.
Mitglieder der Rudergesellschaft kamen auf diese Idee, weil es in Bamberg einen Abschnitt am linken Regnitzarm gibt, der Klein-Venedig genannt wird. Wie in der berühmten Lagunenstadt stehen auch hier Häuser im Wasser.
Monatelang haben die Gondolieri, waschechte Bamberger übrigens, geübt, bis sie die ungewöhnlichen Wasserfahrzeuge in die gewünschte Richtung steuern konnten. Nun genießen die Gäste eine romantische Fahrt über die Regnitz sanft auf dem Wasser dahingleitend, fast wie in Venedig.

PRIVATER BRAUEREIGASTHOF WILL

Privater
Brauereigasthof Will

Schederndorf 19
96187 Stadelhofen

Telefon 0 95 04 / 2 62
Telefax 0 95 04 / 283

Einen fast noch größeren Stellenwert als der Wein hat in Franken das Bier. Das ist allein schon daran zu erkennen, dass es weit mehr Brauereien gibt als im vermeintlichen Bierland Bayern, von einem Sterben besonders kleiner Brauereien kann keine Rede sein.

In bester fränkischer Biertradition steht der Brauerei-Gasthof Will in Schederndorf bei Stadelhofen. Der Familienbetrieb existiert bereits seit 1742, stets im Besitz der Wills, und ist damit älter als die Dorfkirche, die erst 1863 erbaut wurde.

Wer den Gasthof betritt, wird von uriger Gemütlichkeit willkommen geheißen. Die alten Holzmöbel vermitteln das Gefühl traditioneller Gastlichkeit, ein alter Kachelofen sorgt nicht nur im Winter für warme Behaglichkeit.

Da schmeckt dann das Bier aus der eigenen Brauerei gleich doppelt so gut. Zur Auswahl stehen ein Weißbier und die Spezialität des Hauses: Das Schederndorfer Landbier, ein Gerstensaft, den Braumeister Will als zwischen Dunkel und Pils stehend beschreibt.

Das untergärige, unfiltrierte und natur-belassene Bier schmeckt süffig und mild, und in Gesellschaft der meist einheimischen Gäste darf man sich ohne weiteres auch ein zweites schmecken lassen, natürlich, wie es sich gehört, aus einem Steinkrug.

Besonders zu empfehlen ist auch das Bockbier der Brauerei, das ausschließlich in der Saison zwischen Allerheiligen und Weihnachten gebraut und ausgeschenkt wird.

Damit das Bier nicht zu Kopfe steigt, bedarf es einer soliden Unterlage, und zu diesem Zweck bietet der Brauereigasthof Will hausgemachte kalte Spezialitäten an. Stolz ist man vor allem auf den Ziebeleskäs aus der eigenen Käserei. Denn die Familie versteht sich nicht nur auf die Braukunst, sondern auch auf die Herstellung von Käse und hausgemachten Wurstspezialitäten.

So schmeckt z.B. der würzige rote oder weiße Presssack hervorragend zum dunklen Schederndorfer Landbier.

Warme Gerichte bietet der Gasthof lediglich zweimal jährlich an, nämlich zur Kirchweih am zweiten Sonntag im September und zum Patronatsfest am zweiten Sonntag im Februar. Seit 1992 wird der Gast von den Wills auch in einem Biergarten verwöhnt.

Man sitzt unter Kastanienbäumen mit Blick auf das Sudhaus und mit etwas Glück kann man dem Braumeister beim Abfüllen seines Bieres in verschieden große Fässer zuschauen. Denn das Schederndorfer Landbier gibt es nicht nur im Gasthof oder im Biergarten, man kann es in 10-, 15- oder 20-Liter-Fässern auch mit nach Hause nehmen. 1,10 Euro pro Liter kostet es, hinzu kommen 20 Euro Pfand für das Fass.

Wer von weiter her kommt und das Fass nicht innerhalb von zehn Tagen zurück bringen kann (danach verfällt das Pfand),

SCHEDERNDORF

der kann sich seit kurzem auch ein Party-Fäßchen mit fünf Litern Inhalt mitnehmen. Darauf erhebt der Gasthof kein Pfand. Die familiäre Atmosphäre zeichnet den Gasthof aus und diese Atmosphäre soll auch in Zukunft erhalten bleiben. Insgesamt 3000 Hektoliter produziert die Familie Will pro Jahr, und ist damit völlig zufrieden.

Zum Vergleich: Die großen Münchner Brauereien fangen erst ab etwa einer Million Hektoliter pro Jahr an, ihren Ausstoß zu zählen. Die Brauer-Familie will aber gar nicht weiter expandieren, sondern auch weiterhin „von Hand" arbeiten.

Ihr Credo lautet: „Wir möchten unsere Gäste und Kunden persönlich begrüßen können". Die Söhne der Familie, Johannes und Bernd Will, tragen dafür Sorge, dass das auch in Zukunft so bleibt.

Bernd Will ist im Jahr 2004 Braumeister geworden, sein Bruder wird ihm folgen. Der Brauerei-Gasthof Will ist noch ein Geheimtipp unter den kleinen Brauereien in Franken. Vor allem bei Wanderern oder Ausflüglern, die sich die Landschaft Frankens zu Fuß, mit dem Auto oder dem

Motorrad erschließen, hat sich die Qualität des Schederndorfer Landbiers bereits herumgesprochen.

Kochkäse

Zutaten

250 g Margarine
je 200 g Schmelzkäse, Harzer Käse
200 g Crème fraîche
Kümmel, Salz und Pfeffer

Zubereitung

Margarine, Schmelzkäse und Crème fraîche in einen Topf geben und bei kleiner Flamme schmelzen lassen. Immer wieder umrühren. Dann den Harzer Käse in Stücke schneiden und ebenfalls in den Topf geben. Unter ständigem Rühren die Masse erhitzen, bis keine Klümpchen mehr zu erkennen sind. Mit Salz, Pfeffer und Kümmel abschmecken, kurz aufkochen lassen; in hitzefeste Gefäße füllen und offen abkühlen lassen. Kochkäse kann verschlossen werden, wenn sich auf der kühlen Masse eine Haut gebildet hat. Am besten im Kühlschrank lagern und bald zu Bauernbrot servieren.

ZUR SONNE

Brauereigasthof Zur Sonne
Familie Ralf Schmitt

Zaugendorfer Straße 4
96179 Mürsbach

Telefon 0 95 33 / 98 10 17
Telefax 0 95 33 / 98 10 19

Im verträumten Fachwerkdorf Mürsbach steht der einladende Brauereigasthof Zur Sonne. Der Betrieb kann auf eine lange Tradition zurückblicken.
Schon immer ist das Anwesen in Familienbesitz, zuerst als Bäckerei, seit 1868 als Bräu mit feinen Speisen.
Der junge Wirt Ralf Schmitt sorgt mit seiner Frau Karin seit 2002 für die regionalen Spezialitäten, sein Bruder Horst füllt als Braumeister den in sechs Wochen gereiften Gerstensaft in Fässer. Seit 2003 gibt es vor dem Haus einen teilweise überdachten Biergarten. Dort wird in der warmen Jahreszeit das eigene untergärige und unfiltrierte Lagerbier und das süffige Festbier ausgeschenkt, letzteres vor allem zur Kirchweih am ersten Sonntag im Oktober. Nicht nur die Stammkunden der Sonne trinken zu diesem besonderen Anlass gerne mehr als ein Glas.
Eine weitere Sorte ist das köstliche, helle Bockbier. Der feierliche Bockbieranstich findet in Mürsbach am letzten Freitag im November statt. Dann ist im gemütlichen Gasthof auf den Holzbänken und -stühlen nur noch mit viel Glück ein Platz zu finden. Der Brauereigasthof Zur Sonne ist das ganze Jahr hindurch ein kulinarischer Anlaufpunkt. Das genussreiche Jahr beginnt am 6.Januar, also an Heilig Dreikönig. Traditionell trifft man sich dann zum so genannten Stärk-Antrinken, damit das Jahr würdig und kraftvoll beginnen kann.
Auf den Fasching im Februar folgt am 1.Mai die feierliche Eröffnung der Biergarten-Saison.

MÜRSBACH

Wie es sich gehört, wird auch die warme Jahreszeit mit einem zünftigen Fest begrüßt. Mitte Juli treffen sich Einheimische, Besucher aus den Nachbargemeinden und Touristen zum sommerlichen Dorffest.
In wunderbarer Eintracht wird dann bis in den späten Abend hinein gefeiert.
Die Brotzeitkarte für den Biergarten sorgt für die passende, bodenständige Begleitung zum hauseigenen Bier.
Da gibt es Fränkische Bratwürste mit Sauerkraut, Schinken- und Bauernplatte, Presssack mit Musik, hausgemachte Sülze, Wurstsalat, Gerupften und vieles mehr.
Das ist aber noch lange nicht alles, was Ralf und Karin Schmitt ihren Gästen zu bieten haben.
Zu den Spezialitäten des Hauses gehören auch aromatische Wildgerichte.
Jäger schießen in den Wäldern der Umgebung die Rehe, Wildschweine und Hasen.
Es lohnt sich, so einen Braten für einen Sonntagsbesuch in der Sonne vorzubestellen. Ein weiterer Favorit auf der Speisekarte sind junge Täubchen von einem Bauern direkt im Ort.

Knusprig gebraten und mit frischem Wirsing oder Kohlrabi und grünen Klößen angerichtet.
Weit über Mürsbach hinaus bekannt sind die würzigen Kalbshaxen aus der Küche von Ralf Schmitt. Eine Portion mit heller Rahmsoße und Klößen reicht für mindestens zwei Personen.
Es ist keine Seltenheit, dass sich Gruppen von bis zu 30 Personen für ein stimmungsvolles Kalbshaxen-Essen anmelden.
Das köstliche Bier der Brauerei gibt es im Fässchen für zu Hause. In die kleinste Fassgröße passen 5 Liter.
Pro Liter verlangt der Wirt 1 Euro und für das Fass müssen noch 20 Euro Pfand entrichtet werden. Nur 300 bis 400 Hektoliter Bier braut Horst Schmitt pro Jahr, so kann er stets für beste Qualität garantieren.
Wer länger im bezaubernden Mürsbach wohnen möchte, kann in der Sonne unter drei Doppelzimmern mit Dusche wählen.
So steht einem genussvollen Aufenthalt im wildromantischen Naturpark Haßberge oder in der traumhaft schönen Fränkischen Schweiz nichts mehr im Wege.

Wildschweinbraten

Zutaten

1 kg Wildschwein
1/8 l Essig, 1 l Wasser
50 g helle Soße, 50 g dunkle Soße
2 EL Mehl, 2 EL Zucker
2 EL Preiselbeeren
fi l Rotwein, Wurzelgemüse

Zubereitung

Wildschweinfleisch in Wasser und Essig mit Wurzelgemüse über Nacht einlegen. Am nächsten Tag aus dem Sud nehmen, bei 175 °C in Fett anbraten. Nach 1 Stunde Braten umdrehen, um eine gleichmäßige Bräunung zu erreichen, dabei das Fleischstück mit dem Essigsud übergießen, nochmals 1 Stunde im Backrohr lassen. Nach 2 Stunden sollte der Braten gar sein. Für die Soße den Essigsud erneut aufkochen. Helle und dunkle Soße zu gleichen Anteilen, Preiselbeeren, mit einem Schuss trockenen Rotwein unterrühren. Alles nochmals aufkochen lassen, mit Salz und Pfeffer abschmecken. Dazu passen rohe Kartoffelklöße und Blaukraut.

BRAUEREI HETZEL OHG

Brauerei Hetzel OHG
Thomas Kunzelmann

Frauendorf 11
96231 Bad Staffelstein

Telefon 0 95 73 / 64 35
Telefax 0 95 73 / 31 09 65

Im zauberhaften Frauendorf bei Bad Staffelstein sorgt die Brauerei Hetzel in ihrem altehrwürdigen Fachwerkgebäude dafür, dass die Brautradition des Ortes fortgesetzt wird und die Staffelsteiner immer mit braufrischem Bier versorgt sind.
Den bemerkenswerten Bau umwittern dabei einige Geheimnisse: Über dem Eingang des alten Brauhauses steht zu lesen „Seit 1867". Auf dem dazugehörigen Brauereigasthof findet sich hingegen die Inschrift „1691". Auch das historische Archivmaterial über die Brauerei Hetzel gibt über das genaue Gründungsdatum keinen Aufschluss. Und schließlich gibt das Hauszeichen Rätsel auf, ein holzgeschnitzter Pfau von unbestimmbarem Alter, der an der Außenwand des Brauereigasthofs direkt über der Jahresinschrift prangt.
Auch seine genaue Herkunft liegt bisher noch im Dunkeln.
Eines ist aber sicher: Der Braumeister Thomas Kunzelmann setzt bereits in der fünften Generation in Folge die Brautradition seiner Familie fort. Zur Zeit betreibt er gemeinsam mit seiner Frau und seinem Onkel Anton Hetzel die alten Sudkessel, die Abfüllanlage und die restliche Logistik der Brauerei. Bei der Brauerei Hetzel werden alte Traditionen liebevoll gepflegt.
Wo sonst ist es heute noch selbstverständlich, dass die Landwirte aus der Umgebung sich ihre 15- oder 20-Liter-Fässer direkt von der Hauptgärung selbst zapfen?
Wie bereits seit Hunderten von Jahren gärt das Bier in den Kellern der Landwirte nach und dient anschließend dem Eigenverbrauch. Dieses alte Hausbraurecht besteht schon seit langer Zeit.
Es bestimmte, dass die Bauern die selbstangebaute Gerste in Malz umtauschen durften, das daraus gebraute Bier war steuerbegünstigt. Seit den 1990er Jahren besteht diese alte Regel zwar nicht mehr, aber immer noch zapfen die Landwirte aus Bad Staffelstein und Umgebung das süffige Bier aus dem Gärtank, um es im eigenen Keller nachreifen zu lassen.
Der Braumeister Thomas Kunzelmann ist stolz auf die ungebrochene Nachfrage nach seinem Bier.
Die Brauerei Hetzel konzentriert sich auf fünf traditionelle Biersorten, so kann sich der Kunde auf gleichbleibend hohe Qualität verlassen. Sehr beliebt ist das süffige Landbier in der Bügelflasche, daneben braut Thomas Kunzelmann ein eigenes feinherbes

Bad Staffelstein

Pils. Jedes Jahr zur Weihnachtszeit freuen sich die Bierkenner auf das malzbetonte Bock- und Festbier. Das gefragteste Erzeugnis der Brauerei Hetzel ist aber von jeher das untergärige, bernsteinfarbene und ausgewogen malzige Vollbier, auf das keiner in Bad Staffelstein verzichten möchte.

Das Bier der Brauerei Hetzel wird im Umkreis von rund 30 Kilometern um Bad Staffelstein an Gaststätten und Getränkemärkte ausgeliefert. Selbstverständlich kann man den köstlichen Trunk aber auch an Ort und Stelle, im gemütlichen Brauereigasthof, genießen.

30 Sitzplätze und Feines aus dem Braukessel laden hier zum Verweilen und Probieren ein. Wie beliebt das Bier der Brauerei Hetzel ist, sieht man jeden Sonntagvormittag am gut besuchten Frühschoppen und daran, dass am alljährlichen Dorffest am 1. Mai der Zapfhahn nie stillsteht.

Der Braumeister Thomas Kunzelmann ist Bierliebhaber mit ganzer Seele. Nicht nur, weil er sich der langen Familientradition verpflichtet fühlt, sondern weil ihn der Brauvorgang immer wieder aufs Neue fasziniert. Und diese Begeisterung schmeckt man bei jedem Schluck vom köstlichen Bier aus dem alten, wunderschönen Brauhaus.

PRIVATBRAUEREI PETER

Privatbrauerei Peter

Nordheimer Straße 14
97645 Ostheim / Rhön

Telefon 0 97 77 / 9 10 10
Telefax 0 97 77 / 14 53

Im ruhigen Ostheim vor der Rhön steht seit 1827 die Privatbrauerei Peter. Damals hat allerdings noch niemand geahnt, was für eine großartige Erfolgsgeschichte hier geschrieben werden würde: Als der Großvater der heutigen Inhaberin die Brauerei in den Familienbesitz brachte, wurde hier, wie in vielen anderen Brauereien auch, vor allem Pils und Exportbier gebraut. Der entscheidende Funke zündete vor rund zehn Jahren. Damals hatte der Ehemann der Brauereibesitzerin Sigrid Peter-Leipold eine geniale Idee. Dieter Leipold wollte ein reines, gesundes und alkoholfreies Getränk auf den Markt bringen.

Der Diplom-Braumeister tüftelte eine ganze Zeit lang herum und heraus kam ein weltweites Unikat: die „Bionade".

Bei diesem Getränk stimmt einfach alles: Die Bionade schmeckt wunderbar, sie ist kalorienarm, weil sie kaum Zucker enthält, sie ist garantiert frei von jeder Chemie, besteht zu 100 Prozent aus ökologischen Rohstoffen und ist außerdem noch gesund! Bionade enthält nämlich wertvolles Calcium und Magnesium, sie wirkt also isotonisch, und den Inhaltsstoff Gluconsäure. Diese Säureart kann im menschlichen Körper Schwermetalle binden und abtransportieren. Die Geschmacksrichtungen sind Kräuter, Holunder, Litschi und, neu im Sortiment, Ingwer-Orange, alle vier köstlich erfrischend und nicht zu süß. Das Geheimnis der Bionade: Sie ist ein fermentiertes alkoholfreies Getränk, das im ersten Schritt wie Bier gebraut wird. Die Herstellungstechnik des alkoholfreien Tausendsassas ist weltweit einmalig und patentiert. In den letzten Jah-

OSTHEIM / RHÖN

ren ist die Nachfrage nach dem einzigartigen Erfrischungsgetränk regelrecht explodiert. Zuwächse von rund 400 Prozent pro Monat stellen den Familienbetrieb der Privatbrauerei Peter vor eine echte Herausforderung. Die Brauereibesitzerin Sigrid Peter-Leipold managt gemeinsam mit ihrem Mann Dieter Leipold und ihren beiden Söhnen das Braugeschäft und die Logistik mit Bravour. Inzwischen gibt es die begehrte Bionade in fast jedem guten Supermarkt und garantiert in jedem Naturkostladen. Außerdem gibt es auch einen Bestellservice per Internet.

Auch in Österreich gibt es die gesunde Limo aus der Rhön, und täglich landen Anfragen aus aller Welt in der Brauerei. Und die Familie Peter-Leipold hat noch einen Trumpf im Ärmel: Es gibt einen noch „gehaltvolleren" Bruder der Bionade, die „Bionade Forte". Sie enthält noch mehr Calcium und Magnesium und wird wohl bald schon nach sportlichen Wettkämpfen als DAS isotonische Getränk nach intensivem Training durch die Reihen gehen.

So viel Erfolg macht Lust auf neue Herausforderungen.

Deshalb hat die Privatbrauerei Peter kürzlich einen weiteren Geniestreich hervorgebracht: Das weltweit erste rein ökologische Bier-Mischgetränk mit Bionade. Alle Bier-Mischgetränke, die es bisher gibt, und seien sie auch mit Öko-Bier hergestellt, dürfen ja nur mit herkömmlicher Limonade erzeugt werden.

Die Inhaber des Bionade-Patents bieten jetzt aber mit „Rhöner Rote Holle" und „Rhöner Gelbe Lilli" die ersten Biere mit Holunder- beziehungsweise Litschi-Geschmack. Die witzigen Flaschen mit dem putzigen Rhönschaf auf dem Etikett sind auf dem besten Wege, ebenfalls die Republik zu erobern. Aus der gleichen Produktpalette gibt es zusätzlich noch das Rhöner Öko-Pils und das Rhöner Öko-Schwarzbier.

Man merkt, dass die Familie Peter-Leipold wirklich mit Leib und Seele ihre Biere und natürlich die Bionade braut. Es gibt für die Brauerfamilie nichts Schöneres, als mitzuerleben, wie sich ihr Lebenstraum erfüllt: An einem schönen, sicheren Arbeitsplatz mit einem gesunden und weltweit begehrten Produkt arbeiten, das man auch noch selbst entwickelt hat. Ein Erfolg, der mit jedem Tag wieder neu verdient wird.

Kultur & tradition

In Franken finden das ganze Jahr hindurch traditionelle Brauchtumsfeiern und auch moderne Feste statt, gemeinsam ist allen, dass man dort nette Leute trifft und dabei die Köstlichkeiten der Region genießt. Undenkbar wäre ein Fränkisches Jahr ohne eine zünftige „Kerwa", die Kirchweih. Sie beginnt traditionell mit dem Aufstellen des Kirchweihbaums. Am Samstag marschieren die „Kerwasburschen", begleitet von einer Blaskapelle, mit dem geschmückten Baum zum generationenalten Aufstellungsort. Dort wird der etwa 30 Meter hohe Baum mit vereinten Kräften senkrecht aufgestellt und im Boden verankert. Und keine echte fränkische „Kerwa" ohne das „Betzen-Austanzen": Dieser Brauch wird oft am Kirchweihmontag gefeiert, wenn die Bauern mehr unter sich sind. Die zentrale Figur beim „Betzen-Austanzen" ist der Betz, das Schaf. Diesen wertvollen Preis gilt es schon seit Generationen bei einem besonderen Tanzwettbewerb zu gewinnen. Die jungen Paare der Gemeinde tanzen um den Maibaum und den geschmückten Betz und das Läuten eines gestellten Weckers entscheidet, welches der Paare das Schaf gewonnen hat. Die bekanntesten unter den Fränkischen Kirchweih-Festen sind das Annafest in Forchheim, das zehn Tage lang um den Festtag St. Anna am 26. Juli gefeiert wird, und das größte und älteste fränkische Volksfest, die Erlanger Bergkirchweih um die Pfingstzeit. Hier kann man im Schatten von alten Bäumen auf den alten Bierkellern sitzen und umgeben vom bunten Treiben das kühle Kirchweihbier genießen. Eine weitere Stadt-Kirchweih verdient es, besonders hervorgehoben zu werden:

69

FEIERNDES FRANKEN

Die Bamberger Sandkerwa. Ihren Namen verdankt sie dem Sandviertel in der Altstadt, wo sie seit der Mitte des 20. Jahrhunderts alljährlich gefeiert wird. Unvergesslich wird der Kirchweihbummel durch die einmalig schöne historische Stadtkulisse Bambergs. Beim traditionellen Fischerstechen auf der Regnitz schaut das Publikum nicht nur auf die schmalen Boote mit ihren stockbewehrten Kämpfern, sondern auch auf das romantische „Klein Venedig" mit seinen malerischen Fachwerkfassaden. Den fulminanten Schlusspunkt setzt nach sechs ereignisreichen und stimmungsvollen Tagen das Hochfeuerwerk auf dem Michaelsberg. Ein außergewöhnliches Stadtfest bietet alle zwei Jahre auch Ansbach. Anlässlich der Grünen Nacht werden die alten Häuser im historischen Stadtkern in grünes Licht getaucht und ganz in Grün gekleidete Spielmannszüge sorgen für ausgelassene Feierstimmung. In Mainfranken gehören unbestreitbar die Weinfeste zum jährlichen Festkalender. Dann werden die romantischen Orte und Städte oft mit bunten Wimpelbändern geschmückt, die im Wind flattern. Auch hier werden regionale Spezialitäten angeboten, die mit den wunderbaren Frankenweinen besonders gut harmonieren. Köstlich zum Wein schmeckt auch ein typisch fränkisches Festtagsgebäck, die „Küchle". Traditionell werden sie zur Kirchweih in heißem Fett ausgebacken. Aber auch an Silvester, Fasching, zur Konfirmation und zur Kommunion wird das begehrte Schmalzgebäck an Verwandte und Bekannte verteilt. In den katholischen Gegenden werden runde „Kniekÿchle" (früher wurden sie vorsichtig über dem Knie ausgezogen) zubereitet, in den evangelischen Gemeinden serviert man viereckige.

Ein Erlebnis der archaischen Art erwartet den Besucher Frankens im Juni. An Johanni brennen auf den Hügeln in der ganzen Fränkischen Schweiz große Sonnwendfeuer. Bei einer nächtlichen Fahrt oder einem Spaziergang springt die mystische Stimmung dieser besonderen Nacht ganz von allein auf den Betrachter dieses Schauspiels über. Von den ganz urtümlichen fränkischen Sitten nun zu einem ganz anderen Höhepunkt im fränkischen Festkalender: Den weltweit bekannten und kulturell wegweisenden Bayreuther Festspielen. Seit August 1876 pilgern Wagner-Fans aus aller Welt auf den Grünen Hügel im Festspielpark, um im prunkvollen Festspielhaus den Klängen von Wagners „Ring der Nibelungen" oder dem „Lohengrin" zu lauschen. Die Wagner-Festspiele sind heute ein Schaulaufen der internationalen Prominenz. Politiker, Stars und Sternchen zeigen sich in eleganten oder gewagten Roben, bevor sie die heiß begehrten Plätze im Zuschauerraum einnehmen.

Kultur & Tradition

Wer es hierher geschafft hat, in jedem Jahr gibt es heiße Kämpfe um die Karten, gehört zu den Kulturinteressierten mit großer Ausdauer. Denn es gilt, vier bis fünf Stunden lang heroische Klänge auf dem Konzertsessel sitzend zu genießen.

Wer ein bisschen mehr Zeit in Bayreuth verbringen möchte, dem sei ein Besuch der beeindruckenden Eremitage ans Herz gelegt. Die historische Parkanlage hinterlässt mit ihren geheimnisvollen Grotten und den stilvollen Wasserspielen einen bleibenden Eindruck bei jedem Besucher.

Außerdem bietet Bayreuth mit dem Markgräflichen Opernhaus das wohl schönste barocke Opernhaus Europas.

Fränkische Küchle

Zutaten
500 g Mehl
1 Päckchen Hefe (42 g)
ca. 150 ml Milch
100 g Zucker, 1 Prise Salz
2 Eier, 80 g Butter
evtl. 1 Gläschen Schnaps (Rum, Arrak, Kirschwasser o.ä.)
Butterschmalz zum Ausbacken (je nach Topfgröße 1-2 kg)
Puderzucker zum Bestäuben

Zubereitung
Das Mehl in eine Schüssel sieben, Hefe in lauwarme Milch bröckeln, mit der Hälfte des Zuckers gut verrühren. Mischung in eine Mulde in der Mitte des Mehls füllen, mit etwas Mehl vorsichtig verrühren. Anschließend den dickflüssigen Teig mit Mehl vom Schüsselrand bedecken, Vorteig mit Küchentuch abgedeckt ca. 15 Min. ruhen lassen. Restlichen Zutaten auf Mehl am Schüsselrand verteilen. Mit Knethaken zu einem geschmeidigen Teig verarbeiten, bis er sich gut und restlos von der Schüssel löst. Schüssel mit Tuch bedecken, Teig in warmen Raum bis zum doppelten Volumen aufgehen lassen.

Für die eckigen Küchle:
Teig, ohne nochmaliges Kneten, stückweise 5 mm hoch ausrollen. Mit Teigrad Vierecke mit Länge von 10-15 Zentimetern ausradeln. Küchle auf einer leicht bemehlten Fläche verteilen, nochmals abdecken, 15-30 Min. gehen lassen. Vorsichtig mit der unteren Seite voran frei schwimmend in heißes Fett geben. (Es hat die richtige Temperatur, wenn an einem eingetauchten Löffelstiel Blasen hochsteigen.) Wenn sich die Küchle nicht gleich wölben, kann man die Oberseite mit heißem Fett beschöpfen. Wenn die Unterseite goldgelb ist, Küchle wenden, auf der Oberseite zu Ende backen. Mit einem Schaumlöffel die Küchle aus dem Fett heben, auf Küchenkrepp abtropfen lassen. Kurz vor dem Servieren mit Puderzucker bestäuben.

Für die runden Knieküchle
Von der Gesamtmenge des Teiges kleine Teigstücke (à 50 g) abstechen, zu Kugeln formen, auf einem leicht bemehlten Geschirrtuch leicht flachdrücken. Oberen, äußeren Rand leicht mit Öl einpinseln, die Mitte aussparen. Danach mit einem Tuch abdecken, 30-60 Min. bei Zimmertemperatur gehen lassen. Küchle mit Handballen in der Mitte eindrücken, den Rand vorsichtig rundherum so nach außen ziehen, dass ein Rand von ca. 2 Zentimetern mit einer dünnen Teigmitte entsteht.

Darauf achten, dass der Teig nicht einreißt. Küchle mit Oberseite voran frei schwimmend in das heiße Fett geben, wenn die Oberseite goldbraun ist, mit zwei Gabeln wenden. (Das Fett ist zu heiß, wenn die Küchle beim Backen nicht etwas größer werden.)
Mit Schaumlöffel herausheben, auf Küchenkrepp abtropfen lassen und vor dem Servieren mit Puderzucker bestäuben.

GOLDENER LÖWE

**Brauereigasthof
Goldener Löwe**
Jörg Schöner

Kulmbacher Straße 30
95445 Bayreuth

Telefon 09 21 / 74 60 60
Telefax 09 21 / 4 77 77

Wer glaubt, in einem Brauereigasthof könne man keine großen Überraschungen erleben, der wird im Goldenen Löwen in Bayreuth eines Besseren belehrt.
Gleich hinter der traditionsreichen Brauerei Maisel lädt das hellgelb gestrichene Häuschen mit dem lebensgroßen goldenen Löwen auf der Mauer zum Genießen ein.
Durch den schmalen, hell gekachelten Eingangsbereich kommt man in die gemütliche Gaststube. Dunkle Holzbänke und -stühle, sonnengelbe Farbe, alte Instrumente und Bilder an den Wänden sorgen für eine heimelige und originelle Atmosphäre.
Seit 1937 gibt es den Goldenen Löwen, und stets reichten seine Wirte zum Bier bodenständige und traditionell-fränkische Gerichte. Seit April 2003 haben die ambitionierten Wirtsleute Jörg Schöner und Diana Schulz das Angebot erweitert, der Gast wird nun auch mit leichten und „etwas anderen" heimischen Gerichten verwöhnt.
Fränkisch beginnt man ein Menü beispielsweise mit einer köstlichen Krensuppe aus wunderbar würzigem, frisch geriebenem Meerrettich oder mit einer zarten gepökelten Schweinebacke, in Butterschmalz gebacken. Verführerisch sind aber auch die Gerichte à la Goldener Löwe.
Jörg Schöner serviert z.B. zu zarten Fischfilets im Schinkenmantel Tomaten-Blatt-spinat-Gemüse und Safranplätzchen.
Ein weiteres Highlight ist das so genannte Löwenschnitzel, Zartes vom Schweinerücken in Holzofenbrot paniert mit knusprigen Bratkartoffeln.
Wer dann noch einen süßen Schlusspunkt setzen möchte, kann das zum Beispiel mit einer raffinierten geeisten Terrine von weißer Schokolade und rosa Pfeffer mit marinierten Waldbeeren tun.
Die saisonal ausgerichtete Karte bietet, je nach Jahreszeit, Leckereien von Spargel über Pilze in allen Variationen bis hin zu Wild. Der Wirt Jörg Schöner legt großen Wert auf höchste Qualität seiner Produkte. Hier gibt es noch Bratwurst nach eigenem Rezept, hausgemachte Klöße und eigene Eis-Kreationen, kurz:
Hier kann man sicher sein, dass alles bis ins letzte Detail stimmt.

BAYREUTH

Besondere Aktionen sind Bier- oder Fondueabende, bei denen Pärchen genauso wie größere Gruppen zu ihrem Recht kommen. Wer längere Zeit im Goldenen Löwen wohnen will, kann unter 11 Gästezimmern und einer Suite wählen.

Die nach fränkischer Art stilvoll eingerichteten Zimmer machen den Aufenthalt in der ehrwürdigen Festspielstadt zu einem wahren Vergnügen, und natürlich das außergewöhnlich gute Frühstück mit verschiedenen Sorten hausgemachter Marmelade, die es auch zum Mitnehmen gibt (so kann man ein Stück Goldenen Löwe auch zu Hause genießen).

Auch die Musiker des Festspielorchesters Bayreuth treffen sich seit Jahrzehnten regelmäßig zum kulinarischen Beisammensein im Goldenen Löwen.

Dabei kann es durchaus passieren, dass aus Begeisterung über die Kunst des Küchenchefs das ein oder andere Ständchen gespielt wird.

Selbst der berühmte Loriot hat sich zu einer witzigen Zeichnung mit Kompliment an die Küche hinreißen lassen.

Sie hat in der Gaststube einen Ehrenplatz bekommen.

Wer einmal im Goldenen Löwen verwöhnt worden ist, weiß, dass sich dort jeder an das Haus-Motto hält:

„Tradition ist kein Stillstand, Handwerk ist Berufung und Kochen ist Leidenschaft!"

Weißbier-Cremeeis

Zutaten

80 g Zucker
0,2 l Kochsahne (20 % Fett)
0,1 l Karamalz
1/2 Banane
0,2 l Maisel's Weisse
1 cl Bierschnaps

Zubereitung

Zucker in einem Topf karamellisieren lassen und mit Karamalz ablöschen.
Kochsahne, Maisel's Weisse und die Banane dazugeben und das Ganze aufkochen lassen.
Die Masse pürieren und erkalten lassen.
Dann den Bierschnaps unterrühren, ins Gefrierfach stellen und alle 20 Minuten mit einem Schneebesen durchrühren.
So lange gefrieren lassen, bis das Eis eine cremige Konsistenz erreicht hat.

SCHWENK-SAAL

In Bayreuth, der Stadt Richard Wagners und der Festspiele, muss man schon vom Grünen Hügel herabsteigen und genau hinsehen, um auf ein gastronomisches Kleinod zu treffen, das dem unaufmerksamen Besucher der Stadt möglicherweise verborgen bleibt. Am südlichen Stadtrand, ganz in der Nähe des Röhrensees, liegt der Schwenksaal.

Dort kann man einen entspannenden Spaziergang um den kleinen See und durch den Studentenwald machen oder mit dem Boot über das Wasser gleiten. Auf Kinder wartet ein Streichelzoo. Nach diesem urbanen Naturerlebnis verlangt der Körper nach einer Stärkung und die bekommt man nur wenige Schritte vom Studentenwald entfernt im Schwenksaal, der den Besucher zu traditioneller fränkischer Hausmannskost und Gemütlichkeit einlädt. Die Gaststube des Schwenksaals ist, typisch für fränkische Wirtshäuser, relativ klein, 35 Gäste haben hier Platz, für 20 weitere Gäste steht ein Nebenzimmer zur Verfügung.

In gemütlichem Ambiente wird man mit Schmankerln verwöhnt, die auf keiner fränkischen Speisekarte fehlen dürfen und die hier in bester Qualität zubereitet werden: Das fränkische Nationalgericht Schäufele beispielsweise, aber je nach Saison auch Wildgerichte oder zu Ostern ein ausgezeichnetes Lamm.

Ganz hervorragend schmeckt auch der Karpfen, eine weitere regionale Spezialität, die aus Franken nicht wegzudenken ist. Darüber hinaus bietet der Wirt Günther Schwenk seinen Gästen aber auch hausgemachten Presssack und Sülze an. Und wer von diesen schmackhaften Leckereien nicht genug bekommt, der kann sich etwas davon mit nach Hause nehmen, denn Presssack und Sülze wird hier auch in Dosen abgefüllt verkauft. Kein Wunder also, dass sich der Schwenksaal schon seit vielen Jahren großer Beliebtheit erfreut und sich dort regelmäßig Vereine zu ihren Versammlungen treffen.

Verantwortlich für die wohlschmeckende Küche des Hauses sind insgesamt zehn Mitarbeiter, die immer für einen Spaß zu haben sind. Erbaut wurde der Schwenksaal 1902 und bereits vor seiner Fertigstellung vom Großvater des heutigen Wirts Günther Schwenk gekauft. Der Mode entsprechend gab man dem Lokal einen französisch klingenden Namen: „C'est bon Tälchen", frei übersetzt: Im schönen kleinen Tal. Schon damals machte sich der heutige Schwenksaal einen Namen als Gaststätte, in der man gut und deftig essen kann. Nach dem Zweiten Weltkrieg machte er Furore als Tanzlokal. Im großen Saal, der auch für Familienfeiern und Veranstaltungen zur Verfügung steht und in dem etwa 100 Gäste Platz finden, werden noch heute Tanzabende veran-

Gasthof Schwenk-Saal

Pottensteinerstraße 12
95447 Bayreuth

Telefon 09 21 / 6 57 54
Telefax 09 21 / 6 41 32

BAYREUTH

staltet, die sich bei den Bayreuthern großer Beliebtheit erfreuen.
Im Sommer kann man das gastronomische Angebot des Schwenksaals auch im Freien genießen: Im Biergarten mit weiteren 100 Plätzen.

Hier gibt es nicht nur die Spezialitäten von der Speisekarte, sondern in regelmäßigen Abständen auch Grillabende, bei denen die Köche vor den Augen ihrer Gäste über dem offenen Feuer arbeiten.

Eine besondere Attraktion ist jedes Jahr Anfang August das Schweineohren-Fest, bei dem den Gästen Schweineohren mit Kraut kredenzt werden, dazu lassen es DJs krachen und Musiker spielen auf.

Der Schwenksaal bietet das ganze Jahr über ein breites Spektrum an Veranstaltungen. Angefangen mit Faschingsfeiern, auch für Kinder, über Showtanzveranstaltungen bis hin zu Freiluftkonzerten mit Rock- und Popmusik, die besonders bei jungen Leuten und Studenten beliebt sind.

Italienische Abende im Sommer runden das Angebot ab und bieten den Gästen darüber hinaus eine schmackhafte Ergänzung zur Speisekarte.

Günther Schwenk bleibt sich und der Tradition treu. Wie seine Kollegen will natürlich auch er seine Gäste beeindrucken, aber eben mit gutem Essen und kühlem Bier vom Fass. Und das gelingt ihm auf überzeugende Weise.

Schäufele mit grünen Klößen und Schlappkraut

Eine Schweineschulter vom Metzger in 3 Teile zersägen lassen.
Die Schwarte rautenförmig einritzen. Salz, Pfeffer und Paprika mischen und das Schäufele damit einreiben. Anschließend von allen Seiten anbraten. Mit der Schwarte nach oben in den Bräter geben.
Sellerie, Karotten und gewürfelte Zwiebeln hinzufügen und alles mit 1 l Wasser ablöschen. Zugedeckt etwa 50 Min. schmoren lassen.
Dann den Deckel abnehmen und weitere 10 Min. im Ofen lassen, damit die Kruste knusprig wird.

Für die Soße:

Den Bratensaft abgießen, mit Salz, Pfeffer und einer Prise gemahlenem Kümmel abschmecken, mit Stärkemehl abbinden.

Für die Grünen Klöße:

2 kg rohe Kartoffeln schälen, reiben und auspressen, aus dem Presswasser 100 g Stärke entnehmen. 700 g geschälte und gekochte Kartoffeln durchpressen. Kartoffeln, 1/4 l warmes Wasser und 100 g Stärke verkneten, die Masse zu Klößen formen, in die Mitte der Klöße in Butter geröstete Weißbrotwürfel geben. Die Klöße 20 Min. in Salzwasser gar ziehen lassen.

Für das Schlappkraut:

1 Kopf Weißkraut putzen und waschen, die Blätter in Rauten schneiden und kurz blanchieren.
In 1 l Rinderbrühe bissfest garen, mit Kümmel, Pfeffer und Salz abschmecken, mit geröstetem Mehl abbinden.

OPEL'S SONNENHOF

Opel's Sonnenhof

Pferch
95463 Bindlach

Telefon 0 92 08 / 6 58 20
Telefax 0 92 08 / 5 73 69

Wer nach Bayreuth fährt und ausschließlich die Festspiele besucht, tut der Region Unrecht. Auch das Umland ist eine Reise wert, hier lässt es sich hervorragend wandern, man kann die Natur genießen und auch für Erlebnishungrige ist allerhand geboten. Wer danach Appetit auf eine Mahlzeit bekommt, der sollte auf jeden Fall in Opels Sonnenhof in Pferch bei Bindlach vorbeischauen. Denn wer dieses Lokal hungrig wieder verlässt, der hat etwas falsch gemacht.

Seit mehr als 30 Jahren ist der Sonnenhof berühmt für seine Speisekarte, deren Umfang wohl einzigartig ist. Jeder Gast soll eben mehr als nur ein Leibgericht auf der Karte finden.

Zur Auswahl stehen, übersichtlich angeordnet, mehr als 70 Gerichte vom Rind oder Schwein, von Wild, Geflügel oder Fisch.

Zusätzlich gibt es wechselnde Karten mit Spezialitäten der Saison.

Die Kellner und Bedienungen sind mittlerweile daran gewöhnt, mehrmals an einen Tisch gehen zu müssen, weil die Gäste eben ein wenig Zeit brauchen, um sich zu entscheiden.

Viele Stammgäste machen es sich leicht und entscheiden sich für die Schnitzelplatte, für die Opels Sonnenhof über die Region hinaus berühmt ist und die erst seit 2003 auf der Speisekarte steht. Wer sie bestellt, bekommt eine Platte von ca. 50 Zentimeter Durchmesser mit mehreren, panierten Schnitzeln, daneben die Beilagen.

So kann jeder auswählen, was er in welcher Menge auf dem Teller haben möchte, ein Angebot, das vor allem bei Familien gut ankommt. Und das nicht nur wegen der Zusammenstellung, sondern auch wegen des Preises: Für vier Personen kostet die Schnitzelplatte 15,50 Euro.

Mit dem Schnitzelteller wollte Werner Opel besonders Familien ansprechen, weil er feststellte, dass in vielen Gaststätten ein Essen für eine Familie fast nicht mehr bezahlbar war. Auf der Speisekarte ist so viel Köstliches geboten, dass eine vollständige Aufzählung den Rahmen dieses Buches sprengen würde. Deshalb hier nur einige Empfehlungen: Steaks, die man nach Gewicht bestellen kann, Fischgerichte, z.B. von Zander, Lachs, Forelle, Waller oder Hecht, das Krenschnitzel, ein mit Meerrettich bestrichenes Schweineschnitzel, oder die Kalbsleber mit Pfifferlingen und Bratkartoffeln. Und schließlich die einmaligen „Bohnenpfiffer": Pfifferlinge, grüne Bohnen und Rührei. Dass jedes Gericht frisch auf den Teller, oder die Platte, kommt, versteht sich für den Wirt von selbst.

PFERCH

Wallerfilet „Winzerin" auf Speck-Lauch-Gemüse mit Salzkartoffeln

für 2 Personen

Zutaten

400 g frisches Wallerfilet (Wels)
1 kleine Zwiebel, in Würfel geschnitten
etwas Öl
Salz
Pfeffer
0,25 l trockener Silvaner Frankenwein
etwas Brühe
Sahne (am besten Kochsahne)
100 g geräucherter Speck, in Streifen geschnitten
200 g Lauch, in Ringe geschnitten

Zubereitung

Öl in einer Pfanne erhitzen, Zwiebeln darin glasig dünsten, mit Weißwein ablöschen. Waller dazugeben, mit Brühe auffüllen, bis der Fisch bedeckt ist. Mit Salz und Pfeffer würzen, zugedeckt ca. 5 Minuten köcheln lassen. Den geräucherten Speck in einer Pfanne anbraten, bis er Farbe annimmt, den Lauch dazugeben und mitbraten. Mit Salz und Pfeffer würzen. Den Fisch aus dem Sud nehmen und warm stellen. Sahne zum Sud geben und Soße kurz einkochen lassen, bis sie eine sämige Konsistenz hat. Das Gemüse auf zwei angewärmten Tellern anrichten, den Waller ans Gemüse legen und die Soße über den Fisch geben.
Als Beilage eignen sich am besten Salzkartoffeln, die mit etwas flüssiger Butter beträufelt und mit gehackter Petersilie oder Schnittlauch bestreut werden.

Die Mühe, die er und sein 30-köpfiges Team sich machen, wurde in der Vergangenheit schon mehrfach belohnt.
In der langen Liste von Auszeichnungen finden sich unter anderem eine Empfehlung im Schlemmer-Lexikon, ein großer Preis des Bezirks Oberfranken für den Küchenchef oder eine Ehrung als ausgezeichnete Fischgaststätte durch den Hotel- und Gaststättenverband. „Diese Auszeichnungen sind der Beweis dafür, dass bei uns mit Liebe gekocht wird", sagt Opel.
Sein Credo ist einfach: „Gut essen, gut trinken, gemütlich sitzen am Stadtrand von Bayreuth".
Alles begann 1966, mit einer Flaschenbierschänke, die den Eltern von Werner Opel gehörte. Sie boten ihren Kunden selbst gemachten Kuchen und Brotzeiten an. Für ihre Kuchen waren die Opels schnell so berühmt, dass sie bereits 1970 eine kleine Gaststätte eröffneten.
Insgesamt kann Wirt Werner Opel heute 550 Gäste bewirten, 200 in der urigen Gaststätte und 350 im Biergarten, der erst vor wenigen Jahren ausgebaut wurde.
Die Tische bilden jeweils ein Halbrund und sind wie ein Dorfplatz angeordnet.
So kann man in einer gemütlichen Runde beisammen sitzen und blickt hinaus auf die Landschaft, ein Erlebnis für alle Sinne.

WALDSTEINHAUS

Auf jeden Fall unternimmt man eine Zeitreise. Im Waldsteinhaus fühlt man sich in die Ära der Märchen, Ritter und Zauberer versetzt. Das Restaurant liegt malerisch mitten im Wald. Vor dem Eingang erheben sich Felsen, die wie von der Hand eines Riesen aufgestapelt erscheinen. Kaum zu glauben, dass sich die riesigen Granitblöcke vor mehr als 300 Millionen Jahren von allein, nur durch die im Erdinneren waltenden Kräfte - über den Untergrund aus Schiefer geschoben haben.

Verstärkt wird der Eindruck des Verwunschenen noch dadurch, dass das Waldsteinhaus am Rande eines Naturschutzgebiets liegt. Hier ist der Wald sich selbst überlassen, wird also nicht von Förstern oder Waldbauern bewirtschaftet. Von der Gaststätte

Waldsteinhaus

Waldstein 1
95239 Zell

Telefon 0 92 57 / 2 64
Telefax 0 92 57 / 95 52 18

Wer einen Besuch im Waldsteinhaus in der Nähe von Zell plant, der sollte sich vorher überlegen, was er dort alles unternehmen möchte. Denn die Auswahl an Aktivitäten ist so groß, dass die Entscheidung schon ein wenig schwer fällt.

aus kann man zur Burgruine Rotes Schloss wandern oder zur Schüssel, einer Aussichtswarte mit berauschendem Blick über die fränkische Landschaft. Folgt man hingegen dem Lehrpfad, der zur Quelle der sächsischen Saale führt, kann man vieles über die

ZELL

Naturbedingungen und Gesteinsformationen lernen. Auch für Radfahrer ist dies eine wunderschöne Tour.

Für Wintersportler gibt es zahlreiche präparierte Loipen. Ein besonderes Highlight sind die Waldstein-Festspiele, die jedes Jahr im Juli stattfinden. Bis zu 100 Laienschauspieler führen Stücke über historische Ereignisse auf, die speziell für diese Bühne geschrieben werden. Im Jahr 2005 stand „Das Geheimnis des Waldsteins" auf dem Spielplan - die Aufführung war bereits Wochen zuvor ausverkauft. Seit 1998 werden wieder Stücke unter freiem Himmel aufgeführt, die Organisatoren wollen damit daran erinnern, dass die nahe gelegene Ritterburg Sparneck am 11. Juli 1523 zerstört wurde.

Wer so viel erlebt hat, der braucht eine Stärkung und die bekommt er im gemütlichen Restaurant, das 1993 von Grund auf saniert wurde. Bei der Einrichtung wurde bewusst auf modischen Schnickschnack verzichtet. Vielmehr wurde auf das Material zurückgegriffen, das der Wald bietet: das Holz. Gaststube und Nebenraum verströmen eine warme und behagliche Atmosphäre.

Man fühlt sich wohl im Waldsteinhaus und wird umsorgt von Familie Heidenreich, die sich bei der Zusammenstellung ihrer Speisekarte ebenfalls am Wald orientiert. Verschrieben hat sich das Wirtsehepaar der traditionellen fränkischen Küche. Es gibt frische Salate, Pilzgerichte und natürlich Wild. Besonders zu empfehlen ist der Hirsch in Wacholderrahmsoße mit Blaukraut und Knödeln. Natürlich gibt es auch fränkische Traditionsspeisen wie beispielsweise Sauerbraten in Lebkuchensoße.

Eine Sünde wert sind auch die Desserts wie etwa die Waldbeerengrütze mit Vanillesoße oder das gebackene Eis auf Heidelbeer-Ragout. Bei gutem Wetter kann man selbstverständlich auch im Freien sitzen: Ein schön angelegter Biergarten lädt den Besucher zum Verweilen ein. Hier finden von Mai bis September wöchentlich Grillabende statt. Ein Besuch im Waldsteinhaus lohnt sich auf jeden Fall, nicht nur des Waldes wegen, sondern auch wegen der Hüttenabende mit Stub'nmusik, Mundartdichtern und altem Handwerk, und den Spezialitätenwochen im Frühling und Herbst.

LANDGASTHOF HAUEIS

Landgasthof Haueis

Hermes 1
95352 Marktleugast

Telefon 0 92 55 / 2 45
Telefax 0 92 55 / 72 63

Schon die Ankunft beim Landgasthof Haueis im kleinen Ort Hermes ist ein ganz besonderes Erlebnis. Links und rechts säumen hügelige Felder und sattgrüne Wälder den Weg in das abgelegene Dorf.
Nach der Fahrt oder Wanderung durch die gewundene Hauptstraße fällt der Blick plötzlich auf einen wunderschönen Hof.
Auf der rechten Seite wird er vom alten ockerfarbenen Haupthaus, frontal von einem aus Sandstein gemauerten ehemaligen Stallgebäude und auf der linken Seite von einem hübschen alten Mäuerchen mit einem kleinen Teich dahinter gerahmt.
Hier wohnt die Wirtefamilie Haueis, Gastronomen mit Herz und Seele, die eine große Liebe zur Natur und zu natürlichen Produkten auszeichnet.
So gibt es auf dem zauberhaften Landgut eine eigene Fischzucht; Die zwölf Forellen- und Karpfenteiche liegen zum Teil vor dem eigenen Wald, wo die Schwester des Wirts Hans-Georg Haueis die Rehe und Wildschweine für die Küche schießt.
Die Gemüse und Kräuter kommen aus dem eigenen Garten, der unmittelbar vor der Küchentür liegt. Frischer und damit auch gesünder kann man Regionales wie Weißkohl, Blaukraut, Spitzkohl, Meerrettich oder Kürbis gar nicht genießen.
In der Küche sorgt Iris Haueis für Kreativität und Perfektion. Für die Küchenchefin ist es selbstverständlich, zweimal täglich, mittags und abends, frische hausgemachte Klöße zu formen. Wenn sie und ihr Mann Lebensmittel zukaufen, dann nur solche von bester Qualität.
Die fränkischen Angusrinder z.B., die das Fleisch für die saftigen Steaks liefern, laufen frei auf einer Weide in der Nachbarschaft. Die Philosophie des Landgasthofs Haueis ist einfach: Die typischen fränkischen Produkte können es leicht mit internationalen Spezialitäten aufnehmen.
Manchmal serviert Küchenchefin Iris Haueis den gebratenen Fränkischen Karpfen auch mit einer würzigen Ingwersoße.
Den Grundstock der Gerichte bilden aber immer frische Produkte aus der Region, und die à la minute zubereitet. Man merkt sehr deutlich, dass Iris und Hans-Georg Haueis nichts lieber tun, als ihre Gäste zu verwöhnen. Dabei bleiben sie nicht in ihrer Entwicklung stehen.
Die Küchenchefin bildet sich derzeit zur Kräuterpädagogin fort. Häufig experimentiert sie mit köstlichen Wildkräutern aus dem Frankenwald, um ihren Gerichten besonderen Pfiff zu geben. Vor allem beim Wildkäuter-Menü

spielen die grünen Geschmacksbomben eine entscheidende Rolle: Als Vorspeise gibt es angemachten Feta in Stockrosenblüten, danach eine köstliche Kerbel-Wildkräuter-Cremesuppe. Es folgt als leichter Zwischengang Salat von Wiese und Garten.
So ist man optimal eingestimmt auf den

HERMES

Hauptgang: Medaillon vom Schweinefilet mit rahmiger Soße und Gierschspätzle. Als süßen Abschluss serviert Iris Haueis gebackene Blüten an Himbeermus und Gundermann-Schokoplättchen.

Nur im Landgasthof Haueis gibt es zudem eine besondere Delikatesse: Frische gebratene Forellenleber, fein gewürzt auf Toast mit Früchten. Diese Vorspeise kommt selbstverständlich genauso aus dem eigenen Teich wie das selbst geräucherte Forellenfilet mit Meerrettich und Preiselbeersahne.

Auch Schinken und Wurst kommen aus eigener Herstellung.

Doch nicht nur kulinarisch kommt der Gast hier voll auf seine Kosten: Der Frankenwald bietet in der Umgebung viele romantische Wanderwege. Und wer den Wirt nach lohnenden Ausflugszielen fragt, der wird eine weitere Überraschung erleben: Hans-Georg Haueis organisiert höchstpersönlich Tagestouren zu den schönsten Städten und Dörfern im weiteren Umkreis. Als besonderen Leckerbissen bietet er auch Führungen ins nahe Kupferbergwerk an. Besonders stimmungsvoll ist dann die Rückkehr im Fackelzug zum Landgasthof.

Dort können die Gäste unter 30 Doppelzimmern, verteilt auf die drei Häuser, wählen. Die Räume sind liebevoll entweder modern oder mit wunderschönen alten Bauernmöbeln eingerichtet.

Vor allem gestresste Städter genießen die herrliche Ruhe in der malerischen Natur des Landgasthofs Haueis.

Und wer beim Frühstücksbuffet nicht mehr von den vielen Tiegeln mit selbst gemachter Himbeermarmelade, Erdbeer-Rhabarber-Marmelade, Holunderblüten- oder Johannisbeergelee loskommt, der kann sich solch ein Stück heile Natur auch mit nach Hause nehmen.

Dort wird er noch lange und gerne an den Aufenthalt in Hermes zurückdenken, ganz im Sinne des Hausspruchs:
„Wiesen, Wälder, Gastlichkeit"

Forellenfilet mit Salzkartoffeln auf Dillsoße

für eine Person

Zutaten

Für den Fisch:

150 g Forellenfilet

Für die Soße:

15 g Pflanzenfett
20 g Zwiebeln, 30 g Dill
10 g Mehl
100 g Milch, 150 g Sahne

Zubereitung

Zwiebel fein hacken und mit dem gehackten Dill in Öl andünsten. Mit Mehl bestäuben, anschließend mit Milch und Sahne ablöschen. Mit Salz und Pfeffer würzen. Filet auf der Hautseite anbraten, dann wenden und noch circa 4 Minuten auf der anderen Seite braten. Als Beilage empfehlen wir Salzkartoffeln, Reis oder Vollkornnudeln und gemischten Salat.

81

ZUM ALTEN SCHLOSS

**Landidyll-Hotel Restaurant
Zum Alten Schloss**

Kleedorf 5
91241 Kirchensittenbach
bei Hersbruck / Frankenalb

Telefon 0 91 51 / 86 00
Telefax 0 91 51 / 86 01 46

Wer vor dem Landidyll Zum Alten Schloss in Kleedorf steht, mag sich vielleicht ein wenig darüber wundern, warum das Haus „Schloss" heißt, obwohl es gar nicht wie ein solches aussieht. Es wirkt vielmehr wie ein ehemaliges Bauernhaus, das zu einem großen und einladenden Hotel umgebaut wurde.
Für den Namen „Altes Schloss" gibt es jedoch eine simple Erklärung: Die Gegend um Kleedorf war schon vor über 100 Jahren eine beliebte Ausflugsgegend der Nürnberger. Hier genoss man die Sommerfrische und ging zum Wandern. Die Ausflügler kamen dabei an einer Felsformation vorbei, die ihre Aufmerksamkeit erweckte. Mit ihren spitzen Zacken erinnerte sie die Wanderer an ein Schloss. Am Weg dorthin lag eine kleine Schänke, deren Name bald gefunden war. Seit dem Jahr 1902 hat sich das kleine Ausflugslokal zu einem Hotel-Restaurant gemausert, das insgesamt fast 400 Plätze bietet und über 110 Betten verfügt. Seit seinen Anfängen ist das Alte Schloss im Besitz der Familie Heberlein; Heute führt Hans Heberlein das Haus in der 5. Generation. Und die Entwicklung, die es unter seiner Führung genommen hat, kann man durchaus als äußerst bemerkenswert bezeichnen. Der Familienbetrieb, in dem die Mutter frische Kuchen backt, der Vater als Jäger frisches Wild liefert und der Onkel als Landwirt für Milch und Kalbfleisch zuständig ist, konzentriert sich auf die traditionelle fränkische Küche und verwendet dafür nur frische Zutaten bester Qualität aus der Region. Das Alte Schloss ist Mitglied im Verein „Heimat auf dem Teller". Dieser Verein knüpft ein Netzwerk aus Landwirten und Gaststättenbetreibern. Die Bauern aus der direkten Umgebung beliefern die Wirte mit ihren Produkten, der Gast erfährt auf der Speisekarte, von welchem Landwirt die Zutaten stammen. Auf Wunsch kann er die Höfe besuchen und dort einkaufen. Hans Heberlein hat sich dem kulinarischen Genuss ohne Kompromisse verschrieben. Er ist Mitglied der Slow-Food-Bewegung. Diese aus Italien stammende Genießer-Gruppe hat dem Fast Food und der damit einhergehenden Geschmacksvereinheitlichung den Kampf angesagt. Im Alten Schloss bedeutet das: Hier soll der Gast mit allen Sinnen erleben, wie Essen wirklich schmecken kann. Und die Speisekarte liest sich wie ein Gedicht: Medaillons vom Schweinefilet mit Pesto gefüllt, mit Parmesan überbacken, auf Tomaten-Frischkäse-Ragout mit Kartoffelbällchen. Oberpfälzer Welsfilet aus Wurzelsud in leichter Meerrettichcreme mit Dampfkartoffeln. Oder Mousse von Schmand und weißer Schokolade auf Sahnebeeren. Und einmal pro Jahr, zu Fronleichnam, gibt es „Vogelsuppe", eine Spe-

KIRCHENSITTENBACH

„Das Beste vom Bauern und vom Fischer"
Schweinefilet und Riesengarnelen in Kräutern gebraten mit Safranschaum und Balsamico

Für 10 Personen

Zutaten

1,8 kg Schweinefilet
20 Riesengarnelen
2 kg Nudeltaschen nach Wahl
Thymian
Dill
Petersilie
Salbei
1 Zitrone
0,2 l Sahne
Safran
Salz
Pfeffer
Balsamico

Zubereitung

Schweinefilet leicht würzen, in der Pfanne scharf anbraten, rausnehmen und circa 15 Minuten bei 150 °C ins Rohr stellen. Sahne und Safran mit etwas Butter einkochen. Die Riesengarnelen von der Schale befreien und entdärmen und in derselben Pfanne mit anbraten.
Nach kurzer Zeit die Hitze wegnehmen und die Kräuter nach Wahl dazugeben. Die Nudeltaschen kochen und kurz in Butter anschwenken. Beim Anrichten die Nudeltaschen in die Mitte des Tellers dekorieren und darauf jeweils 2 Riesengarnelen und 2 Scheiben vom rosa Schweinefilet legen. Die einreduzierte Safransahne mit einem Löffel außen herumziehen und zum Schluss ein paar Tropfen Balsamico darüber geben.
Garnieren Sie mit den Kräutern und Zitronenfilets.

zialität des östlichen Mittelfrankens. Dabei handelt es sich um eine kräftige Rindersuppe vom Tafelspitz mit Innereien und Leberknödeln. Warum jedoch eine Rindersuppe „Vogelsuppe" heißt, darüber streiten sich schon seit Jahrzehnten die Historiker. Hans Heberlein will die heimischen Produkte fantasievoll präsentieren und auf seine Karte kommt nur, was er auch selbst gerne isst. Esskultur fängt bereits bei Kindern an: Hans Heberlein bildet auch die „Hersbrucker Miniköche" aus. Zehn- bis zwölfjährige Kinder lernen zwei Jahre lang, einmal pro Monat, Nahrungsmittel zu schätzen und richtig zuzubereiten. Und das mit Profi-Ausrüstung: Mit Kochmütze, Kochjacke und speziell für Kinderhände angefertigten scharfen Messern. Nach Abschluss des Kurses erhalten die Kinder ein offizielles Zertifikat der Industrie- und Handelskammer.

Hans Heberleins Motto lautet: „Willkommen zu Hause", und das nicht nur im Restaurant, sondern auch im Hotel. Die Zimmer sind liebevoll eingerichtet und bieten gestressten Städtern vor allem Ruhe und Entspannung. Wer das Landidyll Zum Alten Schloss besucht, sollte offen sein für Genüsse jeglicher Art, denn die werden hier reichlich geboten.

REUTHOF

Waldgasthaus Pension Reuthof

Reuthof
91282 Betzenstein

Telefon 0 92 44 / 3 10
Telefax 0 92 44 / 82 37

Der deutsche Nationaldichter Johann Wolfgang von Goethe sagte einmal: „Wenn ihr gegessen und getrunken habt, seid ihr wie neu geboren; seid stärker, mutiger, geschickter zu eurem Geschäft."
Ganz besonders stark, mutig und geschickt müsste man nach einem Besuch im Waldgasthaus Reuthof sein. Denn hier wird der Gast nach allen Regeln der Kunst verwöhnt. Der Genuss beginnt schon bei der Anfahrt: Von Betzenstein aus folgt man den Schildern Richtung Reuthof und fährt zunächst durch einen dichten Wald. Nach gut einem Kilometer öffnet sich eine Lichtung und dort steht der Reuthof, idyllisch umrahmt von wilder Natur.
Einige Ponys in einer Koppel begrüßen den Gast, sowie Ziegen, Hasen und Meerschweinchen in einem Gehege vor dem großen Haus.
In der gemütlichen Gaststube empfängt die Familie Stief ihre Gäste, bei gutem Wetter können die auch auf der großzügigen Gartenterrasse Platz nehmen.
Ein Blick in die Speisekarte zeigt, dass gutbürgerliche fränkische Küche weder langweilig sein noch schlecht schmecken muss, ganz im Gegenteil. So finden sich dort zum Beispiel Schweinelendchen „Försterin Art" mit Pilzrahmsoße und Käse überbacken und dazu „Herzogin"-Kartoffeln. Oder Räucherlachs auf Schmand mit hausgemachten Reibekuchen.
Bekannt ist der Reuthof vor allem für seine Grillspezialitäten. Besonders erwähnt sei hier die „Platte Land und See": Rinderfilet mit Kräuterbutter, Tintenfischringe und Garnelen im Knusperteig, dazu Folienkartoffeln mit Sauerrahm und Salat.
Eine Sünde Wert sind auch die Germknödel, gefüllt mit Pflaumenmus oder Kirschen.
Aus der eigenen Backstube kommen alle Kuchen, die auf der Karte angeboten werden. Die besondere Spezialität des Waldgasthauses ist aber am Abend der „Heiße Stein". Dabei bekommt der Gast eine heiße Steinplatte auf den Tisch und kann sich sein Fleisch selbst darauf braten, genau so, wie er es haben will.
Dieses Gericht funktioniert praktisch wie ein Fondue, nur eben ohne Öl. Am Schluss dippt man das Fleisch in eine Sauce. Der Reuthof ist eines der wenigen Gasthäuser in Franken, die den Heißen Stein anbieten. Und dieses Angebot ist günstig, das Preis-Leistungs-Verhältnis stimmt.
Und genau das ist das Ziel von Wirtin Ilona Stief, die gemeinsam mit ihrer Familie und einigen Mitarbeitern den Reuthof führt. Sie bietet ihren Gästen Qualität aus der Region, die ihren Preis auf jeden Fall wert ist.
Geboten werden auch die besonders empfehlenswerten hausgemachten Spezialitäten. So werden zum Beispiel Schinken und Presssack selbst hergestellt, bestens geeignet als Wegzehrung. Denn um den Reuthof herum gibt es zahlreiche Wanderwege, im Winter sind zwei Skilifte in Betrieb und viele Loipen präpariert.
Der Reuthof mit seiner Umgebung ist besonders familienfreundlich.

BETZENSTEIN

Grillen auf dem heißen Stein

Schweinelende, Schweinerückensteak, Putenbrust, Rumpsteak und Rinderfilet eignen sich ganz besonders gut zum Grillen auf dem heißen Stein, weil sie bei dieser Zubereitungsart besonders zart bleiben. Das ungeschnittene Fleisch auf den heißen Stein legen, nach ein paar Sekunden, wenn sich die Poren geschlossen haben, das Fleisch wenden. Dann einfach mundgerechte Stücke von dem vor gegrillten Fleisch abschneiden und diese ganz nach Gusto englisch, medium oder gut durch weitergaren. Keine Angst, das Fleisch könnte verbrennen, der heiße Stein bleibt 40 Minuten heiß und hält das Fleisch trotzdem außen knusprig und innen saftig. Außer einer Zigeunersoße oder Zaziki passt auch eine hausgemachte Remoulade ganz hervorragend zum Fleisch vom heißen Stein.

Die Kleinen haben eine Menge Möglichkeiten und vor allem genug Platz, sich vor und nach dem Essen die Zeit zu vertreiben. Auf dem großen Spielplatz wird den Kindern garantiert nicht so schnell langweilig. Und auch größere Gruppen haben im Reuthof keine Probleme, einen Platz zu finden, denn im ebenfalls sehr gemütlichen Nebenraum können bis zu 100 Personen einkehren. Das Waldgasthaus Reuthof lädt auf jeden Fall zum Verweilen ein, und wer länger bleiben möchte, der kann in einem der fünf liebevoll eingerichteten Doppelzimmern eine geruhsame Nacht verbringen.
Die Zimmer sind mit allem Komfort ausgestattet, bieten dazu aber eine unvergleichliche Ruhe, die man sonst nur sehr selten findet.
In aller Ruhe genießen und durchatmen, das kann man im Waldgasthaus Reuthof besonders gut, um danach wieder ans Werk zu gehen.

Zutaten

Für die Remouladensoße:
2 Eigelb, fi l Pflanzenöl
1 TL Senf, 1 EL Wasser
1 EL Zitronensaft oder Essig
Salz, Kapern, Essiggurke
Worcestershiresauce
Kräuter (Schnittlauch, Dill, Kerbel, Petersilie, Zitronenmelisse - kurz: alles, was der Garten hergibt)

Zubereitung
Die Zimmer warmen Eigelb mit dem Schneebesen vorsichtig aufschlagen und das ebenfalls zimmerwarme Öl in dünnem Strahl einfließen lassen und gründlich einrühren. Dann Senf, Wasser, Zitronensaft oder Essig zufügen und nachdem alles innig miteinander vermischt ist, die Gewürze und Kräuter untermischen.
Am besten schmeckt die hausgemachte Remoulade frisch verzehrt!

HERRMANN'S ROMANTIK POSTHOTEL & RESTAURANT

Wirsberg ist einer von vielen romantisch-verträumten Flecken zwischen Fichtelgebirge, Fränkischer Schweiz und dem Festspielmekka Bayreuth. Reisende würden das 2000-Seelen-Städtchen wohl zumeist links liegen lassen, wenn nicht am Marktplatz Herrmann's Romantik Posthotel & Restaurant stünde. Ganzjährig lockt es Genießer an; Während der Bayreuther Festspiele dient es Kennern als Oase der Ruhe. Wer auf dem beschaulichen Marktplatz vorfährt, fühlt sich in eine andere Welt versetzt. Die Hotelterrasse liegt im warmen Nachmittagslicht, das Gepäck wird unauffällig aufs Zimmer transportiert. Gäste genießen inzwischen den Blick auf historische Bauten und das Rauschen des Flüsschens.

Seit 1869 ist die alte Poststation in Besitz der Familie Herrmann, seit zehn Jahren kocht Alexander Herrmann im gediegenen Fachwerkensemble. Bekannt wurde der charmante Mitt-Dreißiger durch seine Auftritte in der Erfolgsshow „Kochduell" auf VOX; Inzwischen hat er längst seine eigene TV-Kochsendung: „Koch Doch!" im Bayerischen Fernsehen. Ehefrau Eva Herrmann hat sich über viele Jahre hinweg profundes Weinwissen erarbeitet und leitet den Service in den Restaurants des Hotels. Mit Stil und Kreativität hat sich das junge Paar einen Namen gemacht. Er gehört dem honorigen Club „Jeunes Restaurateurs d´Europe" an,

Herrmann´s Romantik
Posthotel & Restaurant

Marktplatz 11
95339 Wirsberg

Telefon 0 92 27 / 20 80
Telefax 0 92 27 / 58 60

WIRSBERG

sie begeistert als liebenswürdige Gastgeberin. Service und Küche sind auf hohem Niveau. Dafür sorgt zum Beispiel das Speisekarten-Probeessen, bei dem die Angestellten Gerichte aus der Gourmetküche und passende Weine probieren. Gäste haben die Wahl zwischen „Herrmann's Restaurant" und der „Jägerstube". Dort bekommt man zur geschmorten Kalbshaxe auf Wunsch ein Kulmbacher Pils, der kundige Service empfiehlt Weinliebhabern auch gerne einen offenen fränkischen Schwarzriesling. Im Gourmetrestaurant gibt es zum Beispiel Lamm aus naturnaher Aufzucht, dazu karamellisierten Rettich und Pulver vom fränkischen Schieferträffel.

Für seine anspruchsvolle Regionalküche hat Herrmann viel Lob von den Kritikern bekommen, der Gault Millau verlieh ihm 2005 zum Beispiel 17 von 20 möglichen Punkten, was für „höchste Kreativität und Qualität sowie bestmögliche Zubereitung" steht. Auch weitgereiste Festspielbesucher mit internationaler Restauranterfahrung schätzen Herrmann's verfeinerte fränkische Küche. Der Hotelier verwöhnt Wagner-Freunde mit einem besonderen Service: Am Vormittag hören sie Einführungen zum Stück des

Abends. Später werden sie im hoteleigenen Bus nach Bayreuth chauffiert.

Die Küche hat auch nach den Walküren-Gesängen noch geöffnet, Langschläfer können bis zwölf Uhr frühstücken. Im Wellness-Center mit Ayurveda und Hallenschwimmbad ist der Sitzmarathon der Festspiele schnell vergessen. Und wer nach Lohengrin lieber mehr über Rosmarin wissen möchte, kann auch einen Kochkurs bei Alexander Herrmann buchen.

Riesengarnelen auf Weißwein-Vanille-Zwiebeln

für 2 Personen

Zutaten
6 Riesengarnelen
1 Knoblauchzehe, 8 Cocktailtomaten
2 kleine Zwiebeln, 1 Vanilleschote
6 EL Olivenöl, Zucker
1 Schuss Weißwein
50 ml Gemüsebrühe
Meersalz, Pfeffer, 6 Basilikumstiele

Zubereitung
Von den Garnelen Schwanz abdrehen, mit Schere Unterseite aufschneiden, Schale bis auf den Schwanzfächer ablösen. Rückenseite nicht zu tief einschneiden, Darm herausziehen. Garnelen waschen, auf Küchenpapier abtropfen lassen. Oder bereits geschälte kaufen. Knoblauchzehe schälen, zerdrücken. Tomaten waschen, halbieren, Stielansatz entfernen. Zwiebeln schälen, halbieren, in Scheiben schneiden. Vanilleschote der Länge nach halbieren, Mark herauskratzen. Zwiebeln in 1 EL Olivenöl andünsten, 1 Prise Zucker, Vanillemark dazugeben, karamellisieren lassen. Mit Weißwein ablöschen und Brühe hinzufügen. Zwiebeln bei schwacher Hitze weich kochen, mit Salz, Pfeffer würzen. Basilikum waschen, trocken schütteln, Blätter abzupfen, einige Blätter zum Dekorieren beiseite legen, Rest grob zerkleinern. Salz, Pfeffer und 3 EL Olivenöl dazugeben, mit dem Stabmixer pürieren. Garnelen mit Salz, Pfeffer würzen und mit dem Knoblauch in 2 EL Olivenöl bei mittlerer Hitze etwa 6 Min. braten. Die Tomaten dazugeben und kurz mitbraten. Vanillezwiebeln auf vorgewärmte Teller verteilen, Garnelen, Tomaten darauf anrichten. Mit Basilikumöl beträufeln und mit den restlichen Basilikumblättern garnieren.

FRÄNKISCHE WEINTRADITION

ZEIL AM MAIN

In Franken wird bereits seit über 1200 Jahren Wein angebaut. So ist es eigentlich nur logisch, dass der Frankenwein in der bauchigen Bocksbeutelflasche eines der Aushängeschilder der Region ist.

Die Bedingungen für einen guten Tropfen könnten in der fränkischen Weinbauregion nicht besser sein. Warme, trockene Sommer verwöhnen die Trauben, hinzu kommt die lange Reifezeit. Ein ausgewogenes Verhältnis von Süße und Säure und den vielen anderen Geschmacksnuancen verträgt eben keine Eile.

Die sensiblen fränkischen Winzer tragen dem Eigenleben ihres Weins das ganze Jahr hindurch Rechnung. Nur so konnte sich der Name „Frankenwein" über die Jahrhunderte und auch wieder in den letzten Jahrzehnten als Qualitätsbegriff behaupten. Von den Winzern verlangt seine Erzeugung viel Wissen, Können und Flexibiliät. Die Wachstumsbedingungen für die verschiedenen Reben sind oft schon auf direkt nebeneinanderliegenden Anbauflächen unterschiedlich. In den Anbauregionen im Mainviereck, im Maindreieck und im Steigerwald, wo rund 6000 Hektar Ertragsrebfläche bewirtschaftet werden, stellen bereits die unterschiedlichen Böden eine Herausforderung für den Weinbauern dar. Im Mainviereck um Miltenberg wachsen die Reben hauptsächlich auf Buntsandstein, an den verschlungenen Windungen des Mains bei Würzburg und Volkach wird eher auf Muschelkalk angebaut, genauso wie im „Lieblichen Taubertal", und im Steigerwald holen sich die Rebstöcke ihre Nährstoffe aus den so genannten Keuperböden, tiefgründige, feinkrumige Böden, die aus den Ablage-

Fränkische Weintradition

rungen eines prähistorischen Meeres entstanden sind. Die Qualität eines Weines hängt jedoch nicht nur von der Bodenbeschaffenheit, sondern auch von der Lage des Weinbergs ab. In den Steillagen der Weinhänge können sich in vielen Sonnenstunden die Aroma-, Duft- und Geschmacksstoffe der Trauben besonders gut und fein ausbilden. Auch hier entscheiden oft schon geringe Variationen des Standortes über schmeckbare Unterschiede beim Wein.

Pro Jahr ernten die fränkischen Weinbauern rund 475 000 Hektoliter Most. Davon werden 85 Prozent zu Weißwein verarbeitet, der Rest zu vollmundigem Rotwein. Der Trend geht in den letzten Jahren zunehmend in Richtung Rotwein, weil immer mehr Weinfreunde einen guten „Roten Franken" zu schätzen wissen.

Über Jahrhunderte hinweg wurde Wein vor allem dazu verwendet, Wasser trinkbar zu machen. Schon im 16. Jahrhundert wusste man von der bakteriziden Wirkung des Weins und vermischte ihn deshalb mit dem hygienisch oft nicht einwandfreien Wasser. So erklärt es sich auch, dass Wein damals das Grundgetränk der Bevölkerung war und in wesentlich höheren Mengen als heutzutage konsumiert wurde.

Experten gehen davon aus, dass im 16. Jahrhundert, als der Weinkonsum in Franken seinen Höhepunkt erreichte, in Weingegenden pro Tag und Kopf mindestens 5 Maß zu je 1,22 Liter getrunken wurden. Allerdings war der Alkoholgehalt des damaligen Weins wesentlich niedriger. Heute steht beim Weintrinken erfreulicherweise der Genuss im Vordergrund.

Auch um Zeil am Main wird sowohl Weißwein als auch Rotwein angebaut. Neben dem Bier, Zeil am Main liegt direkt an der Grenze von Wein- zu Bierfranken, spielt der

ZEIL AM MAIN

Wein hier eine große Rolle.
Die Geschichte des Weinbaus in Zeil geht bis auf das Jahr 1018 zurück. Und ein Sohn der Stadt, Abt Alberich Degen vom Kloster Ebrach, war es auch, der 1665 als erster die Silvanerrebe in Franken einführte.
Nach ihm wurde übrigens auch der reizvolle Weinwanderweg „Abt-Degen-Steig" benannt.
Mönche des Bamberger Klosters Michelsberg führten den Weinbau in Zeil ein. Zuerst wurden die Reben am so genannten Mönchshang angebaut, später auch am Kapellenberg und an den Hängen um Ziegelanger und um die Burgruine Schmachtenberg. Bis zum Dreißigjährigen Krieg waren die Berghänge rings um Zeil mit Reben bepflanzt. Besonders die Bamberger Fürstbischöfe schätzten die guten Tropfen von den Hängen oberhalb des Mains.
Nach dem Krieg wurden die Weinanbauflächen in Kornfelder umgewandelt, die verarmte Bevölkerung brauchte dringend Nahrung.
Einen neuen Aufschwung erlebte der Weinbau im 17. Jahrhundert durch die segensreiche Einführung der Silvanerrebe aus Österreich. Sie war so widerstandsfähig gegen Krankheiten und Schädlinge, dass sie den Winzern die Erträge auch in schwierigen Jahren sicherte.
Weitere Rückschläge für den Weinbau, in Zeil wie auch im Rest Weinfrankens, brachte der Erste Weltkrieg mit sich. Die Männer wurden als Soldaten eingezogen und mussten ihre Familien und Anbauflächen zurücklassen. Nach 1955 war der Weinbau um Zeil insbesondere durch Frostschäden stark rückläufig. Seit 1975, mit Durchführung der ersten Weinbergsbereinigung, erlebt er aber eine neue Blütezeit. Grund dafür war die Neuordnung der Rebflächen, verbunden mit der Anpflanzung leistungsfähiger Rebsorten. Inzwischen ist eine weitere Neuordnung in Ziegelanger abgeschlossen. Ein Teil der Winzer schloss sich der Gebietswinzergenossenschaft Franken in Kitzingen an. Die dort von fachlich geschulten Kellermeistern ausgebauten Weine haben inzwischen schon viele Auszeichnungen erhalten.

Auch die Mönchshangweine konnten schon mehrere Medaillen gewinnen. Heute wie früher hat Zeil am Main seinen Reben sonnenverwöhnte steile Südhänge zu bieten. So reifen hier, hoch über dem Main, vollmundige, kräftige und aromareiche Weine.
Auf rund 25 Hektar Rebfläche beweisen die Zeiler Winzer jedes Jahr aufs Neue, was sie aus ihren Beeren an Geschmack und Fülle herausholen können.
Die wichtigsten Rebsorten um Zeil sind: Müller-Thurgau, Silvaner, Riesling, Kerner, Scheurebe, Bacchus, Weißburgunder, Traminer, Spätburgunder und die würzige Domina.
Jedes Jahr feiern die Zeiler im fachwerkumsäumten Stadtkern ihren Wein. Beim Stadt- und Weinfest auf dem Marktplatz freut man sich unter dem Slogan „Fachwerk, Frohsinn, Frankenwein" drei Tage lang darüber, dass Zeil am Main sich trotz aller historischen und sonstigen Hürden wieder an der Spitze der Weinstädte behaupten kann.

KOLB

Hotel-Restaurant Kolb

Krumer Straße 1
97475 Zeil am Main

Telefon 09524 / 9011
Telefax 09524 / 6676

Vor genau 50 Jahren eröffnete die Familie Kolb im unterfränkischen Zeil am Main, genau an der Nahtstelle von Wein- und Bierfranken, eine Bäckerei mit Weinstube. Wenige Jahre später, unter der Leitung von Kolb-Tochter Renate und ihrem Mann Eden Jacobson, wurden die ersten Gästezimmer eingerichtet. Das kleine Gasthaus entwickelte sich zum Hotel Restaurant Kolb. Nunmehr ist das Restaurant dabei, sich einen Namen unter Feinschmeckern zu machen: Seit einigen Jahren hat Erec Jacobson, mittlerweile die dritte Generation, das Küchenzepter fest in der Hand und setzt mit seinen Menükreationen immer wieder kulinarische Highlights. Der gelernte Koch und Kellner verwöhnt seine Gäste stets mit besonderen Angeboten, von Sommernachtsbüffets auf der herrlichen Gartenterrasse über Feinschmeckermenüs mit musikalischer Untermalung bis hin zu lehrreichen Kochkursen. Erec Jacobson hat sich der mediterranen Küche verschrieben, die er fantasievoll mit fränkischen Klassikern kombiniert. Für ihn ist Essen nicht einfach nur Nahrungsaufnahme, sondern immer auch ein besonderes Geschmackserlebnis. Da verwundert es nicht, dass man auf seiner Karte Kreationen wie Schweinshaxenscheiben in Chianti geschmort mit toskanischem Gemüse und gebratener Semmelterrine findet. Fränkischen Zander spickt er mit Rosmarin und serviert dazu Rucola-Risotto; Den Lammrücken veredelt eine Kruste aus heimischen Bärlauch. Erec setzt auf frische, selbstgemachte Beilagen und verwendet gesunde Zutaten wie z.B. naturreines Ur-Salz, Bärlauch und Kräuter, die, wie viele der Gemüse und Früchte, auch in seinem eigenen Garten wachsen. Je nach Saison gibt es Spezialitäten wie Spargel und Bärlauch im Frühjahr oder Rehrücken mit Schokoladensauce und Quitten im Herbst.

Die Aktionen beschränken sich jedoch nicht nur auf kulinarische Genüsse, auch die Verbindung mit Kulturellem gelingt und der Gast erlebt in jedem Fall einen unvergesslichen „Abend Urlaub": So gibt es unter dem Motto „Kunst bei Kolbs" die Highlights der Küche, in Szene gesetzt mit einem A-Capella-Chor oder einer Theatergruppe, mit Kabarett oder einer Vernissage.

Mittlerweile berühmt sind Erec's Weinmenüs. Dabei zaubert er fünf festliche Gänge, zu denen jeweils ein harmonisch abgestimmter Wein serviert und von einem Winzer aus der Nachbarschaft präsentiert wird. Wein ist das große Hobby von Erec Jacobson. Und so besucht er mehrmals im Jahr renommierte Weingüter, um edle Tropfen für seine Gäste nach Zeil zu holen. Mehr als 100 verschiedene Weine finden

ZEIL AM MAIN

Erec's Domina-Wildsau

So sau-wohl wie sich das Wildschwein in den Hassbergen fühlt, so typisch ist die Domina-Rebe für Franken. Dieser tiefrote, kräftige und vollmundige Wein gibt dem schmackhaften Fleisch der Domina-Wildsau sein köstliches und unverwechselbares Aroma.

Zutaten

800 g Wildschweinfilet
100 ml Öl, Butter
frische Kräuter (Rosmarin, Thymian, Lorbeerblätter, Petersilie), Salz, Pfeffer
200 g Röstgemüse (Zwiebeln, Karotten, Sellerie), 1 EL Tomatenmark
0,5 l Domina-Rotwein, 0,5 l Wildfond
2 EL Preiselbeeren
Für das Selleriepüree:
1 Sellerieknolle, 1 Kartoffel
300 g Sahne, Salz, Pfeffer, Muskatnuss
Für die glasierten Pfifferlinge:
400 g Pfifferlinge, Butter, Salz, Pfeffer
frische Petersilie, etwas Balsamicoessig

Zubereitung

Wildschweinfilet über Nacht mit gehackten Kräutern in Öl einlegen. Am nächsten Tag das Fleisch mit Salz und Pfeffer würzen, mit Öl anbraten nach circa 3-4 Min. aus der Pfanne nehmen. Bei 80 °C im Ofen warm stellen. Das Bratöl abgießen, etwas Butter zugeben und darin fein geschnittene Gemüse kräftig anrösten. Tomatenmark zugeben, mitrösten lassen, alles mit Wein und Wildfond ablöschen. Auf ein Viertel der ursprünglichen Menge einreduzieren lassen. Sauce durch ein Sieb passieren, Preiselbeeren einrühren, mit Salz und Pfeffer abschmecken und gegebenenfalls mit etwas Kartoffelstärke (in Wasser bzw. Wein angerührt) abbinden. Frischlingsrücken aus dem Ofen nehmen, servieren. Für Selleriepüree Sellerie und Kartoffel schälen, in Würfel schneiden und mit Sahne und Gewürzen aufkochen lassen. 30 Min. Bei kleiner Hitze köcheln lassen, dabei immer wieder umrühren. Mit dem Kartoffelstampfer pürieren. Pfifferlinge gründlich putzen, in Butter anbraten, mit Salz, Pfeffer würzen. Gehackte Petersilie zugeben und das Pilzgemüse mit einem Schuss Balsamico glasieren.

sich mittlerweile in Kolb's Weinkeller. Wer sich nicht „nur" bekochen lassen will, sondern auch gern selbst Hand anlegt, besucht „Kolb's Koch Kurse". Dabei lernen die Teilnehmer die Tricks eines echten Profis und zaubern unter seiner Anleitung ein köstliches Fünf-Gänge-Menü. Besonderen Anklang findet die freundliche, familiäre Atmosphäre im Hotel Restaurant Kolb, in dem die Symbiose zwischen heimischer und internationaler Esskultur gelingt. Da kann man sich freuen, dass man den „Abend Urlaub" in einem der modern und geschmackvoll eingerichteten Gästezimmer bei einem der abwechslungsreichen Wochenendarrangements leicht zu einem „Kulinarischen Kurzurlaub" verlängern kann.

WEINHAUS ANTON NÜSSLEIN

Weinhaus Anton Nüßlein

Marktplatz 1
97475 Zeil am Main

Telefon / Telefax 0 95 24 / 2 79

Mitten im Zentrum des schönen Weinstädtchens Zeil am Main steht das Weinhaus Anton Nüßlein. Am romantischen Marktplatz lädt das historische Fachwerkhaus zum Eintreten und Genießen ein. Die Grundmauern dieses baulichen Schmuckstücks standen schon vor der Entdeckung Amerikas, der Hausspruch von 1623 „Nicht reich und prangend sieht es aus, doch alt und würdig ist dies Haus, sah gute Zeit auch Not und Drang im wechselvollen Zeitengang" zeugt davon.

Hinter der Tür empfängt den Besucher eine helle, modern eingerichtete Vinothek. Weinflaschen stehen in von hinten beleuchteten Regalen und präsentieren ihren verschiedenfarbig schimmernden Inhalt.

Die Leidenschaft der Familie Nüßlein ist seit Generationen der Wein. Hier kann man sich immer auf beste Qualität verlassen, keine Frage, dass alle Weine im Haus aus eigenem Anbau stammen.

Die Familie Nüßlein ist stolzer Besitzer von rund 8 Hektar Weinbergen in der Umgebung, allesamt beste Steillagen. In diesen Weinbergen arbeiten Vater Anton und Sohn Roger Nüßlein das ganze Jahr hindurch, um im Herbst den Rebstöcken Trauben von bester Qualität abzugewinnen.

Die Mühe lohnt sich, wie die vielen Auszeichnungen der letzten Jahre auf fränkischer und bundesweiter Ebene beweisen. Hier werden alte Traditionen gepflegt, ein Beispiel hierfür ist der Anbau der historischen Weinart Rotling. Ein fränkischer Wein, der heute wie im Mittelalter aus weißen und aus roten Trauben gekeltert wird. Die Familie Nüßlein beschreitet jedoch auch neue Wege. Dabei helfen auch die Erfahrungen, die der Sohn des Hauses auf seinen Reisen nach Südafrika, Italien und Frankreich unternommen hat.

Großen Pioniergeist hat schon Anton Nüßlein bewiesen: In den 1970er Jahren erweckte er in seiner Heimat den Weinbau zu neuem Leben, nachdem dieser im Krieg fast völlig zum Erliegen gekommen war.

Bis heute übernimmt das Weinhaus immer wieder eine Vorreiterrolle.

Auch beim Anbau von roten Trauben war die Familie Nüßlein richtungsweisend. Unter den Rotweinen des Hauses verdient die „Domina" besondere Erwähnung. Ein Wein mit viel Volumen, der Chef des Hauses spricht sogar von „mollig und weich".

Bei den Weißweinen steht der Riesling an erster Stelle. Ein Viertel der Weinberge ist mit dieser Rebsorte bestockt. Die Rieslinge der Nüßleins zeichnen sich durch besonders viel Frucht und Eleganz aus.

Zum Sortenspektrum gehören noch Silvaner, Müller Thurgau, Scheurebe und Weißburgunder bei den Weißweinen und bei den Rotweinen Dornfelder und Spätburgunder. Das Sortiment reicht vom Schoppenwein mit tollem Preis-Leistungsverhältnis bis hin zu den großen Spezialitäten wie zum Beispiel Eiswein.

Die jüngste Kreation des Hauses ist der Rotling Secco „Antonello", ein außergewöhnlicher Sommergenuss, der, sehr fruchtig und erfrischend, besonders gut zur leichten Küche passt.

Die Verbindung von guten Weinen mit guter Küche nutzen das Weinhaus Nüßlein und der befreundete Gastronom Erec Jacobson vom Hotel Kolb schon seit einigen

ZEIL AM MAIN

Jahren, sehr zur Freude der Gäste. Gemeinsam stellen beide exklusive Fünf-Gänge-Menüs zusammen, die auf saisonalen und regionalen Spezialitäten basieren. Dazu gibt es dann die hervorragenden Weine der Familie Nüßlein, perfekt auf das Menü abgestimmt. Wer mehr über den Wein erfahren möchte, der sollte sich einer Weinberg-Wanderung auf dem „Abt-Degen-Steig" anschließen.

Der Oenologe Roger Nüßlein führt die angemeldeten Gruppen fachlich kompetent und freundlich durch seine Lagen und klärt auch anspruchvollste Fragen. Die Teilnehmer lernen dabei Interessantes zur Weinhistorie und zu den unterschiedlichen Ansprüchen der verschiedenen Rebsorten. Wer einmal die Möglichkeit hatte, mit dem Winzer durch den Weinberg zu gehen, wird den Wein noch mehr schätzen als zuvor. Denn an Ort und Stelle in der freien Natur erfährt man, was eine gute Traubenernte alles voraussetzt, ein wirklich außergewöhnliches Erlebnis, das nicht nur den Blickwinkel von Weinkennern erweitert. Und weil so eine Weinberg-Wanderung Durst macht, gibt es zum Abschluss ein Picknick. Dabei probiert man den Wein, wo er gewachsen ist.

Ob beim Wein zu edler Küche, nach einer Führung im Weinberg oder bei der Weinprobe in der Vinothek - die Weine der Familie Nüßlein bleiben lange in bester Erinnerung.

ZUR KRONE

Gastwirtschaft
Zur Krone

Brünnau 4
97357 Brünnau

Telefon 0 93 82 / 17 45
Telefax 0 93 82 / 31 47 00

Ein altes Sprichwort besagt, dass Landwirte sich weigern, Gerichte zu essen, von denen sie noch nie etwas gehört haben, um es einmal so auszudrücken. Dies mag in vielen Fällen zutreffen, aber eben nicht immer. In Brünnau etwa sind die Bauern sehr wohl bereit, auch mal etwas anderes zu probieren als Sauerbraten oder Schäufele, man muss es ihnen nur schmackhaft machen. Und gelungen ist dies in der Gastwirtschaft Zur Krone. Die Krone hat sich vordergründig ihre Ursprünglichkeit bewahrt. Sie wirkt wie eine normale Dorfgaststätte, in der die Einheimischen gerne mal einen Schoppen trinken oder sich zu Schafkopf-Runden treffen. Und das ist auch so, deshalb kommen oft Touristen nach Brünnau, um echtes Lokalkolorit zu erleben. Gleichzeitig aber versteht es die Familie Geißel Köstlichkeiten auf den Teller zu zaubern, die durchaus der Küche eines Sterne-Restaurants entstammen könnten. Ein typisches Menü beginnt z.B. mit einem Zweierlei von der Gänseleber an Quitten-Senf-Soße mit schwarzem Rettich. Im Anschluss daran die Brust und die Keule von der Wachtel auf glasierter Pastinake, danach eine „Latte Macchiato" von Bohnen und Erbsen mit Steigerwälder Rauchschinken, die Brust von der Barbarie-Ente auf Ingwer-Curry-Soße und Rosenkohl in Vanille-Speckbutter mit gebratenen Serviettenklößen. Den krönenden Abschluss bilden im Marzipanteig ausgebackene Dörrzwetschgen mit einem Halbgefrorenen von Nougat an Gewürzorangen-Ragout, unglaublich und vor allem unglaublich lecker. Mit der Umgestaltung der Karte begann bereits vor Jahren die Wirtin Gertraud Geißel, allerdings nicht ohne die Hilfe ihres Sohnes. Der hatte nämlich in einem Sterne-Restaurant gelernt. Mutter Gertraud wollte aber nicht warten, bis ihr Sohn wieder nach Hause kommt, und so telefonierten die beiden abends manchmal stundenlang. Markus Geißel gestaltete die Karte aus der Ferne, gab seiner Mutter Tipps für die Zubereitung, während sie ihre Gäste von den Kreationen des talentierten Sohnes überzeugte. Der Aufwand hat sich gelohnt.
Geboten wird den Gästen neue fränkische Küche, die ihre Wurzeln nicht verleugnet. „Wir wollen zeigen, dass es gute Qualität aus der Region für die Region gibt", sagt Markus Geißel. Und deshalb hat er sich mit der Gastwirtschaft auch dem Verbund „Weinfranken schmecken" angeschlossen.

BRÜNNAU

Dabei kocht Markus Geißel meist aus dem Bauch heraus, ohne Rezepte. Er probiert viel aus und wenn eines seiner Experimente gelingt, dann ist das Rezept im Kopf des Kochs gespeichert. Von dem Koch kann man übrigens auch die Wahrheit über die fränkischen Bratwürste lernen. Denn die allseits so berühmten Nürnberger sind beileibe nicht das Original. Nach Ansicht von Markus Geißel sind es die Coburger. Die zeichnen sich einerseits durch ihre Machart, vor allem aber durch ihre Zubereitung aus. Echte Coburger werden nämlich über Tannenzapfen gebraten. Das verleiht ihnen einen süßlichen Rauchgeschmack, den es sonst nirgendwo zu schmecken gibt. Außerdem unterscheidet der Kenner zwischen katholischen und evangelischen Bratwürsten. Die katholischen bestehen aus Kalbs- und Schweinebrät und wurden vor der Mette zum Sieden gebracht und erst danach gebraten, damit sie während der Dauer des Gottesdienstes nicht austrockneten. Protestanten hatten und haben keine Probleme damit, Bratwürste auch schon vor der Kirche zu essen, deshalb mussten die Würste vorher nicht gesiedet werden und konnten in der Konsistenz auch ein wenig grober sein. Wer im Sommer nach Brünnau kommt, der kann sich, abends bei Kerzenschein, in einem der schönsten Biergärten Frankens verwöhnen lassen, oder er kommt im Winter zu einem der Heimatabende mit fränkischer Mundartmusik und erlebt eine wunderbare Mischung aus traditioneller fränkischer Kultur und neuer fränkischer Küche.
Eine Reise ist Brünnau in jedem Fall wert!

Filet von Main-Hecht unter Sesamkruste an Schaum von schwarzem Rettich, Roter Beete aus Karamel-Balsamico-Sud

Zutaten
4 Hechtfilets à 180 g
Salz, Pfeffer, Zimt, 5 EL Walnussöl
Für die Sesamkruste:
125 g Butter, 7 TL Weißbrotkrumen
1/2 Knoblauchzehe, fein gehackt
150 g Sesam, 1 TL Trüffelöl
Für Schaum von schwarzem Rettich:
2 Schalotten, 1 Knoblauchzehe
50 g Butter, 0,5 l Sahne
je 0,25 l Fischfond, Noilly Prat
0,25 l Fränkischer Silvaner, trocken
120 g frisch geriebener Parmesan
200 g frisch ger. schwarzer Rettich
Salz, Pfeffer und Muskatnuss
Für Rote Beete:
2 Rote Beete, in Kümmel, Majoran gek.
100 g Zucker, 0,2 l Wasser
50 ml weißer Balsamico-Essig
1/2 getrocknete Chilischote
1 TL Traubenkernöl, Salz, Pfeffer
Zubereitung
Hechtfilets mit Salz, Pfeffer, etwas Zimt würzen. Auf mit Walnussöl gefettetes Blech legen, mit Sesamkruste bestreichen, bei mittlerer Oberhitze garen. Für die Sesamkruste Butter im Mixer schlagen. Sesam, Knoblauch, Trüffelöl, Weißbrotkrumen zugeben. Für den Parmesanschaum Schalotten, Knoblauch in Butter dünsten. Mit Fond, Wein, Noilly Prat auffüllen, auf die Hälfte einkochen. Sahne, Parmesan, Winterrettich zufügen, aufkochen, im Mixer pürieren, mit Salz, Pfeffer, Muskatnuss abschmecken. Bissfest gekochte Rote Beete schälen, in Scheiben schneiden. Zucker in Wasser zu Karamell schmelzen. Traubenkernöl, Chilischote, Gewürze beigeben, auf kleiner Flamme ziehen lassen. Aus Roter Beete Halbmonde ausstechen, in Sud legen, ziehen lassen. Als Beilage eignen sich gebratene Grießnocken.

LANDHOTEL NEUSES

Landhotel Neuses

Neuses am Sand 19
97357 Prichsenstadt

Telefon 0 93 83 / 71 55
Telefax 0 93 83 / 65 56

Im Jahr 1812 machte ein heute noch prominenter Zeitgenosse Rast am Rande des Steigerwaldes: Napoleon.
Er war auf dem Weg von Würzburg nach Bamberg und legte eine Pause in einer Posthalterei in Neuses am Sand ein, wo er kurz verschnaufen und die Pferde wechseln konnte.
Napoleon wird sich aufgrund seiner vielen und weiten Reisen wohl kaum an den Aufenthalt in Neuses erinnert haben, wer aber heute in die ehemalige Poststation, ins Landhotel Neuses, einkehrt, wird seinen Aufenthalt wohl nicht so schnell wieder vergessen. Und das beginnt schon beim Hineingehen in das stattliche Bruchsteinhaus: Die Gaststube verströmt das Flair des 19. Jahrhunderts, hier speiste und trank wohl das damalige Bürgertum. Die Stube ist stilecht eingerichtet, mit alten Holztischen und schönen Landschaftsgemälden an der Wand, ganz als sei die Zeit stehen geblieben. Gutbürgerlich, im besten Sinne des Wortes, ist auch das Angebot, das Hartmut Paust seinen Gästen macht.
Das Motto des Chefkochs und Wirts, der zwar keinen Stern, aber eine Auszeichnung von Michelin bekommen hat, lautet: „Mit fränkischer Kraft und internationalem Charme". Und so präsentiert sich seine Speisekarte als eine Mischung aus Altbewährtem und neuen Ideen, die sonst niemand zu bieten hat: Rinderfilet-Steak mit Kürbis-Curry-Gemüse findet man genauso wie einen Dialog von Wildschwein und Reh mit einer selbst gemachten Sanddornsoße.

PRICHSENSTADT

Stets hat Paust zwei bis drei Gaumenfreuden auf seiner Karte, die den Rahmen der traditionellen fränkischen Küche sprengen, ohne dass jedoch Liebhaber von Schäufele, Sauerbraten und Co. zu kurz kämen.

Das Küchenteam um Hartmut Paust experimentiert gern, doch nur wenn es allen Mitarbeitern schmeckt, wird es auch den Gästen angeboten. Bei den Produkten, die in der Küche des Landhotels Neuses verarbeitet werden, achtet Paust ganz besonders auf Frische und auf Herkunft aus der Region. So stammt beispielsweise das Wild von einheimischen Jägern aus dem Steigerwald. Das gilt für die Speisen genauso wie für den Wein, der ausschließlich aus Franken kommt, für das Bier, das im Nachbarort Krautheim gebraut wird und auch für die Schnäpse, die ebenfalls nur in Franken gebrannt und destilliert werden.

Wenn die Zutaten nicht angeliefert werden, dann stellt Hartmut Paust sie selbst her.

So kocht er zum Beispiel Holunder, Quitte, Zwetschgen oder Sanddorn selbst ein und macht daraus Soßen oder Desserts.

Wer schon vor seiner Ankunft weiß, dass er einen Braten bestellen möchte, der sollte zuvor anrufen. Denn auf Vorbestellung werden Braten, Spanferkel oder Geflügel auf eine einzigartige Weise zubereitet: Nämlich im 150 Jahre alten Brotbackofen.

Normalerweise wird hier das hauseigene Brot aus Natursauerteig gebacken, natürlich ohne Konservierungsstoffe. Durch einen Zufall kam Hartmut Paust aber darauf, dass Braten in diesem Ofen einen unvergleichlichen Geschmack erhalten. Der Ofen aus Schamottstein wird mit Eiche, Fichte und Weinbergreben beheizt.

Ähnlich wie beim Räuchern überträgt sich der Duft des Holzes auf das Fleisch. Und im Gegensatz zu einem Küchenbackofen entwickelt der Brotbackofen eine andere Art von Hitze, die dem Fleisch eine ganz besondere Konsistenz verleiht. Im Landhotel Neuses kann man aber nicht nur gemütlich und gut essen, sondern auch bequem und komfortabel schlafen.

Das Haus bietet 6 Doppel- und 1 Einzelzimmer und darüber hinaus 2 Appartements, allesamt sehr liebevoll eingerichtet.

Besonders empfehlenswert sind die Appartements, kleine, gemütliche Maisonette-Wohnungen, in denen man sich in aller Ruhe von einer Tour durch den Steigerwald erholen kann.

Sowohl im Restaurant als auch im Hotel sollte man rechtzeitig reservieren, denn es gibt durchaus Menschen, die sich darüber beklagen, dass am Wochenende auf dem Parkplatz nichts mehr frei ist.

SCHWAB'S LANDGASTHOF

Schwab`s Landgasthof
Familie Schwab

Bamberger Straße 4
97359 Schwarzach am Main

Telefon 09324 / 12 51
Telefax 09324 / 52 91

Schon der Weg zu Schwab´s Landgasthof ist eine Reise wert. An bekannten Weinorten wie Volkach, Escherndorf und Sommerach vorbei, immer am eigenwilligen Verlauf des Mains mit seinen Reben bewachsenen Hängen entlang, nähert man sich dem Städtchen Schwarzach am Main. Weithin sichtbar überragt die Benediktinerabtei Münsterschwarzach mit ihren wuchtigen Türmen das Maintal. Hier sollte man auf jeden Fall einen Zwischenstopp auf der Reise durch das kulinarische Franken einlegen, und zwar in Schwab´s Landgasthof. Schon von außen ist die Philosophie des Landgasthofes sichtbar. „Tradition und Gastlichkeit" und „Hier wird fränkisch gekocht" steht in weißen Lettern auf dem grün gestrichenen alten Haus.
Chefkoch Joachim Schwab, in der vierten Generation Wirt des Landgasthofes, führt jetzt das Lokal, das von seinem Urgroßvater gegründet wurde. Unter der Regie seines Freundes Theophil Steinbrenner, einem bekannten fränkischen Künstler, der seine Werkstatt und Galerie gleich um die Ecke hat, wurde der Gasthof komplett neu gestaltet. Man fühlt sich sichtlich wohl in der urgemütlichen Bauern- und Schwabenstube mit den blank gescheuerten Tischen, dem Kachelofen und den zwei wunderschönen Bronzeskulpturen.

Der leidenschaftliche Koch achtet jedoch nicht nur auf absolute Frische. Für alle Zutaten hat er sich gute Lieferanten heimischer Produkte ausgesucht. Das Gemüse kommt aus Albertshofen, die Kräuter aus dem eigenen Garten und Fleisch, Wurst und Brot aus der benachbarten Benediktinerabtei. Besonders zu empfehlen sind der frische Zander unter der Kartoffelkruste auf Blaukrautschaum, die Ochsenschulter in Spätburgunder geschmort und die köstlichen Karthäuserklöße mit Weinschaumsoße. Im Herbst werden wunderbar knusprige Bauerngänse frisch aus dem Backofen serviert. Einen ganz besonderen Stellenwert in der Schwab´schen Küche genießt das frische Wild aus der eigenen Jagd im Steigerwald. Egal ob traditionelles Rehgulasch, das Car-

SCHWARZACH AM MAIN

paccio vom Damhirsch oder die gefüllten Rebhühnchen auf Traubenkraut, einfach lecker. Seine gute fränkische Kochkunst hat sich unterdessen auch bei den namhaften Führern herumgesprochen und so wurde Joachim Schwab vom Michelin, Gault Millau und dem Feinschmecker ausgezeichnet.

Wer die gelungene Mischung aus fränkischer Tradition und leichter moderner Küche ausprobieren möchte, ist genau richtig in Schwab's Landgasthof. Reiselustigen Genießern stehen 11 im Landhausstil eingerichtete Gästezimmer für die Übernachtung zur Verfügung.

Geschmortes Rehschäufele

Zutaten

4 Rehschäufele
Salz
Pfeffer aus der Mühle
Thymian
Rosmarinzweig
6 Wacholderbeeren
3 Pimentkörner
1/4 l kräftiger Rotwein
Butterschmalz zum Anbraten
1 Zwiebel
1 Karotte
1/2 Knollensellerie
1 l Wildfond
1 TL Speisestärke

Zubereitung

Rehschäufele mit Salz und Pfeffer aus der Mühle würzen. Butterschmalz in einem Bräter erhitzen, das Fleisch am Knochen darin von allen Seiten anbraten. Das Gemüse putzen, grob zerkleinern und zusammen mit den zerstoßenen Gewürzen und frischen Kräutern zu den Schäufele geben. Leicht Farbe nehmen lassen, mit Rotwein ablöschen, dann mit dem Wildfond aufgießen. Den Bräter ohne Deckel bei 180 °C in den vor geheizten Ofen schieben und die Schäufele in kurzen Abständen mit Hilfe einer Schöpfkelle mit dem Wildfond übergießen. Die Schäufele ca. 1,5 Stunden schmoren und dabei noch ein- bis zweimal wenden. Schäufele aus der Soße nehmen, die Soße durch ein feines Sieb passieren und nach belieben noch etwas einkochen lassen. Vor dem Servieren die Speisestärke mit ein wenig kaltes Wasser anrühren und die Soße damit binden. Zum geschmorten Rehschäufele serviert man gerne in Butter angeschwitzte Waldpilze und Kartoffelklöße.

VON VOLKACH

NACH WÜRZBURG

Volkach ist der Inbegriff einer romantischen, fränkischen Weinstadt. Direkt an der Mainschleife gelegen, bietet es außer lehrreichen Wanderungen in die Weinberge der Umgebung auch ein angenehm mildes, sonnenreiches Klima. Auf dem Kirchberg bei Volkach steht die berühmte Kapelle St. Maria im Weinberg. Ein Kreuzweg führt hinauf zur weithin sichtbaren Wallfahrtskirche „Unserer lieben Frau im Weingarten", wie sie auch genannt wird. Ihr Inneres birgt die berühmte „Madonna im Rosenkranz" von Tilman Riemenschneider. Dieses Kunstwerk von Weltrang war Anfang der 1960er Jahre von Kunsträubern gestohlen worden. Das Drama nahm aber ein ebenso glückliches wie außergewöhnliches Ende: Die Täter verlangten ein hohes Lösegeld für die lebensgroße Statue. Der damalige „Stern"-Chefredakteur Henri Nannen bezahlte die Summe und hat so die Madonnenstatue für Volkach wiederbeschafft. Kurz darauf wurde er zum Ehrenbürger der Stadt ernannt. Die Täter konnten gefasst werden, weil sie sich selbst verrieten. Von dieser aufregenden Geschichte ist heute im ruhigen Volkach nichts mehr zu spüren. Der alte Stadtkern zwischen dem Oberen und dem Unteren Tor ist an historischer Romantik kaum zu überbieten. Auf relativ kleinem Raum bieten sich spektakuläre Ausblicke auf die mittelalterliche Stadtkirche und barocke Stadtpalais. Die verträumten schmalen Gassen laden zu einem Spaziergang durch vergangene Zeiten ein und an den Häusern der Hauptstraße zeigen kunstvolle Metallschilder an, wer hier jeweils seine Kunst und Dienstleistung anbietet. Besonders stolz ist Volkach auf den

Von Volkach

köstlichen Wein, der von den ausgezeichneten Winzern der Stadt auf den Weinbergen der Umgebung angebaut und gelesen wird. Die edlen Tropfen werden mit stimmungsvollen Weinfesten von März bis in den Oktober in der wunderschön geschmückten Altstadt gefeiert.

Mainabwärts von Volkach liegt die alte Residenzstadt Würzburg. Rund 60 Kirchtürme prägen die Stadtsilhouette. Daneben lohnen weitere eindrucksvolle Bauwerke den Besuch. Die ehemals fürstbischöfliche Residenz in Würzburg, seit 1803 im Besitz des bayerischen Staates und seit 1982 UNESCO-Weltkulturgut, ist in ihrer eindrucksvollen Geschlossenheit der schönste Schlossbau des süddeutschen Barock. Ganze 24 Jahre dauerte es, bis die Residenz nach der Grundsteinlegung fertiggestellt war. Die Namen der Baumeister und Künstler, die für den sensationellen Fürstenhof verantwortlich zeichneten, lesen sich wie ein „Who is who" des Barockzeitalters. Der Fürstbischof Philipp Franz von Schönborn, der Baumeister Balthasar Neumann und der venezianische Maler Giovanni Battista Tiepolo haben dieses einmalige Gesamtkunstwerk geschaffen. Wer in Würzburg ist, sollte auch das Juliusspital genauer in Augenschein nehmen. Am 12. März 1576 legte der große Würzburger Fürstbischof Julius Echter von Mespelbrunn den Grundstein zu einer Stiftung, die ihre Bestimmung bis heute erfüllt. Zum einen sind im Juliusspital ein Seniorenheim und ein Krankenhaus untergebracht. Besonders erwähnenswert ist hier die historische Apotheke, die schon seit rund 300 Jahren die Patienten des Spitals mit Medikamenten versorgt. Sie beherbergt eine kunsthistorisch besonders wertvolle, weil vollständig erhaltene Rokoko-Offizin. Aber auch für Feinschmecker gibt es im Juliusstift wahre Schätze zu entdecken. Mit seinen knapp 170 Hektar Rebflächen gehört das Weingut Juliusspital zu den bedeutendsten deutschen Weingütern. Unter dem so genannten Fürstenbau liegt der weitläufige historische Holzfasskeller. Hier reifen noch heute Weine von außergewöhnlicher

Nach Würzburg

Qualität und besonderem Facettenreichtum. Die Stadt Würzburg hat sogar einen einmaligen kulinarischen Weltrekord zu bieten: Der älteste trinkbare Weißwein der Welt lagert im Bürgerspital der fränkischen Weinstadt. Er stammt aus dem Jahr 1540 und wäre laut Expertenmeinung noch immer genießbar. Den Abschluss eines perfekten Tages in Würzburg bildet ein Spaziergang entlang der reizvollen Mainpromenade. Dort führt auch der Weg des Nachtwächters vorbei. Nachdem man seinen spannenden Geschichten gelauscht hat, kann man sich in einem der urgemütlichen Wirtshäuser mit köstlichen Leckereien aus dem Ofen oder aus der Pfanne und einem frischen Frankenwein stärken.

WEINGUT MAX MÜLLER I

**Weingut
Max Müller I**
Familie Rainer und Monika Müller

Hauptstraße 46
97332 Volkach am Main

Telefon 0 93 81 / 12 18
Telefax 0 93 81 / 16 90

Die Stadt Volkach ist DIE Weinstadt in Franken. Der Gang durch die mächtigen, historischen Stadttore eröffnet den Blick auf eine wunderschöne Altstadt mit einem beeindruckenden Rathausplatz, schmalen, geheimnisvollen Gässchen und liebevoll eingerichteten Restaurants, Cafés und Weinläden, in denen die edlen Tropfen der Region immer wieder mit Hingabe zelebriert werden. Besondere Beachtung verdient das Weingut Max Müller I. Nur rund 200 Meter vom wunderschönen alten Rathaus entfernt erwartet den Weinkenner hier ein wahres Schatzkästlein erlesenen Genusses. In den ehrwürdigen Mauern eines ehemaligen Klosters nimmt den Besucher schon vom ersten Moment an das wunderschöne Ambiente gefangen. In der Vinothek sind die geschichtsträchtigen, hohen Wände gekonnt mit einer modernen Ausstattung verbunden. Hier präsentieren Rainer und Monika Müller die Früchte ihrer Arbeit.

VOLKACH

Die typischen Weine der Mainfränkischen Region warten wie Juwelen auf ihre Käufer. Zur Auswahl stehen u.a. ein facettenreicher Riesling, eine herrlich aromatische Scheurebe und ein bodenständiger, aber auch überraschend vielseitiger Silvaner. Auf letzteren legt Rainer Müller besonders großen Wert, er weiß, dass in Franken niemand am Silvaner vorbeikommt, und dass ein Weingut häufig an seinem Silvaner gemessen wird. Diesem hohen Anspruch zu genügen, ist eine tägliche Herausforderung. Sein Wissen und seine Erfahrung gibt Rainer Müller an seine drei Kinder Christian, Michi und Toni weiter. Der Weinbautechniker aus Leidenschaft kümmert sich mit Hingabe um seine rund 10 Hektar großen Weinberge. Die Lagen gehören zum Besten, was Mainfranken zu bieten hat: Escherndorfer Lump, Sommeracher Katzenkopf und Volkacher Ratsherr.

Sein eigener Stil und die unverwechselbare Qualität der Weine liegen ihm am Herzen, denn nur so lässt sich Großes erzeugen.

Mit Begeisterung, Können und im Einklang mit der Natur pflegt er die klassischen Rebsorten, denn die Qualität eines Weines entsteht zuerst im Weinberg.

Für Rainer Müller sind Weine ein Spiegel der Natur, ein Bestandteil der Kultur und ein gewachsenes Stück Lebensfreude.

Jeder Wein hat seinen eigenen Charakter, den er durch individuellen Ausbau zu betonen versucht. Sein Leben für den Wein hat ihm

Weingut Max Müller 1

schon hohe Auszeichnungen eingebracht, so u.a. den Bayerischen Staatsehrenpreis, Ehrenpreise des Landkreises Kitzingen, Prämierungen von Gault Millau, Alles über Wein, Der Feinschmecker, Wine Challenge in London, Eichelmann-Weinführer und Best of Gold, Die besten Weine Frankens. Das wunderschöne Weingut mit einem heimeligen historischen Winzerhof aus dem Jahre 1692 bietet Raum für weitere Ausflüge in die Welt der Kulinarik. Im ersten Stock gelangt der Weinfreund sozusagen in die Welt des vollkommenen Genusses. In den gekonnt restaurierten, mit Stuck verzierten Räumen wartet auch eine großzügig dimensionierte, moderne Küche auf ihren nächsten Einsatz. Dann, wenn die Familie Müller gemeinsam mit Gastköchen der Region zu einem ihrer Wein-Events einlädt. Von der Wein- und Küchenparty bis zu Themenabenden rund um den Wein reicht das kulinarische Angebot. Für den Zigarrenraucher gibt es eine eigene Genuss-Lounge mit handgefertigten Humidoren. Wer in den Genuss eines unvergesslichen Tages im Weingut Max Müller I kommen will, sollte sich rechtzeitig für diese reizvollen Veranstaltungen anmelden. Das Weingut Max Müller I bietet höchste Weinbaukunst gepaart mit einer kompetenten und charmanten Beratung. Die Devise von Rainer Müller schwingt in den Räumen fast hörbar mit: „Ein guter Winzer lebt mit der Natur und denkt schon im Weinberg an sein Ziel - einen vielschichtigen, ehrlichen Wein".

Volkach

ZUM LAMM

**Hotel Restaurant
Zum Lamm**

Hauptstraße 76
97204 Höchberg

Telefon 0931 / 30 456 30
Telefax 0931 / 40 89 73

Wolfgang Imhof, der Wirt des Hotel Restaurants Zum Lamm in Höchberg, bei Würzburg ist in einer Gärtnerei aufgewachsen. Von seinem Vater hat er die Liebe zu frischem Gemüse, Salaten und Kräutern geerbt, von seiner Mutter die zum Kochen. Für den staatlich geprüften Gastronom und Küchenmeister gibt deshalb nichts schlimmeres als industriell gefertigtes „Junk Food". Für ihn zerstören diese Produkte nicht nur die Esskultur, sondern sie sind sogar viel teurer als Selbstgemachtes.

Wolfgang Imhof findet, Essen ist außer Genuss auch Spaß, Erlebnis und Kultur und das möchte er gemeinsam mit seiner Frau Erna den Gästen im Hotel Restaurant Zum Lamm bieten. „Ich stehe dazu, wenn ich ein Gericht auf die Karte schreibe." Besonders Frische und Qualität liegen ihm am Herzen, regionale Gerichte, überlieferte Rezepte und hausgemachte Spezialitäten, gut, bodenständig, abwechslungsreich, leicht verständlich und ohne verkünstelte Experimente. Wolfgang Imhof wechselt sein Angebot nach Saison.

So gibt es im Frühling neben dem fränkischem Spargel, zahlreiche, sehr wohlschmeckende Variationen rund um die Kartoffel und natürlich Lammgerichte.

Im Sommer präsentiert die Küche alles, was die Natur hergibt, von Gemüse- und Obstkreationen, knackigen Salaten bis hin zu Matjes. Der Herbst steht im „Lamm" ganz im Zeichen des Wildes aus dem Spessart. Im Winter bereichern Fisch-Spezialitäten sowohl aus heimischen Teichen als auch aus dem Meer die Speisekarte.

Fast alle seine Produkte bezieht Wolfgang Imhof von Landwirten aus der Umgebung. Vieles wird noch selbst gemacht wie etwa

HÖCHBERG

die Nudeln, Kartoffelrösti aus der Pfanne oder die Wild-Bratwurst.

Eine Herzensangelegenheit für den Küchenchef ist aber auch die Zubereitung von „altem" Gemüse, von Produkten also, die allmählich Gefahr laufen, in Vergessenheit zu geraten. Dazu zählen Mangold, Petersilienwurzel, Pastinaken, Schwarzwurzel, Kohlrabi, Wirsing oder Kürbis.

Alles wird auf schonende und vor allem geschmackserhaltende Art zubereitet.

Die Freude, die Wolfgang Imhof beim Kochen empfindet, ist bei jedem Teller spürbar, der die Küche verlässt. Und diese Freude geht sogar so weit, dass sie selbst an seinem freien Tag nicht aufhört.

Wo viele andere Köche froh sind, wenn sie sich zu Hause nicht auch noch an den Herd stellen müssen, macht er das freiwillig und mit ebensolcher Hingabe, wenn er genussreich für Freunde kocht.

Seit 1991 bewirtschaften Erna und Wolfgang Imhof das „Lamm", dabei ist die gelernte Hotelkauffrau und Betriebswirtin zuständig für das richtige Ambiente im Hotel. Sie sorgt dafür, dass die liebevoll eingerichteten 20 Doppel- und 17 Einzelzimmer familiäre, fränkische Gastlichkeit verströmen und die Tradition des schon seit 1732 bestehenden Hauses gewahrt bleibt.

Auf modernen Komfort muss dennoch kein Gast verzichten.

Das Hotel Restaurant „Zum Lamm" liegt direkt an der Romantischen Straße und ist ein sehr guter Ausgangspunkt für Touren ins fränkische Weinland mit seinen mittelalterlichen Winzerorten oder um die Mainfrankenmetropole Würzburg zu erkunden. Die Festung Marienberg und auch das berühmte Käppele sind sogar mit einem schönen Fußweg leicht vom Hotel aus zu erreichen. Schon so mancher, der heute im Rentenalter ist, hat sich bereits zu seinen Studentenzeiten für die Gaumenfreuden des „Lamm" begeistert.

Dass dies so bleibt, dafür sorgen Erna und Wolfgang Imhof.

Lammrücken mit Rosmarin, mediterranem Gemüse und Kartoffelgratin

Zutaten
Für das Fleisch:
600 g Lammrücken ohne Knochen
1 Fenchelknolle, 2 Zucchini
12 Kirschtomaten
1 dl Rotwein
1 Knoblauchzehe, 4 Schalotten
1 Rosmarinzweig
Für den Kartoffelgratin:
1 kg Kartoffeln
je 1 dl Sahne und Milch
Salz, Pfeffer, Muskat

Zubereitung
Kartoffeln schälen, in feine Scheiben schneiden. In eine gebutterte, feuerfeste Form schichten, mit Salz, Pfeffer und Muskat würzen, Sahne, Milch zugeben und das Gratin im Backofen bei 180 °C ca. 50 Minuten backen. Fenchel in Blätter zerlegen, in Salzwasser kurz blanchieren und warm stellen. Lammrücken würzen, in einer Pfanne scharf anbraten. Geviertelte Schalotten und die ebenfalls geviertelte Knoblauchzehe, Rosmarinzweig, Tomaten zugeben, das Ganze ca. 5 Minuten bei 160 °C in Backofen geben. Lammrücken aus dem Ofen nehmen, in Alufolie einschlagen und an einem warmen Ort ziehen lassen. Tomaten ebenfalls aus der Pfanne nehmen, warm stellen. Inzwischen Bratensatz mit Rotwein ablöschen, Zucker, Brühe zugeben, leicht einkochen lassen. Zucchini in Stifte schneiden, in einer Pfanne kurz anbraten, mit Pfeffer, Kräutern würzen, zum Schluss salzen. Fenchel würzen, kurz in Butter anschwenken anrichten.
Zucchini in Fenchel füllen, Tomaten dazu geben, Lammrücken in Scheiben schneiden. Etwas von der Soße mit den Schalotten dazugeben und mit dem Kartoffelgratin servieren.

WEINHAUS ZUM STACHEL

Es zählt zu den traditionsreichsten Häusern in der kulinarischen Welt Frankens: das mitten in der historischen Altstadt von Würzburg gelegene Weinhaus Zum Stachel. Wohl kaum ein Einheimischer, der nicht in der Lage wäre, dem Fremden den Weg in die Gressengasse zu erklären - einem Ort, der eng mit der Geschichte der Stadt verknüpft ist, war er doch während der Bauernkriege Treffpunkt von Aufständischen. Die hatten das Lokal mit einem Morgenstern vor der Tür gekennzeichnet, von dem sich der Name ableitet.

Ganz dem Heute verbunden und voll frischem Elan ist das Wirteehepaar Petra und Richard Huth, das gemeinsam mit seinem Partner Ewald Seith den Stachelwirt im November 2004 übernommen hat und eine Brücke schlagen will zwischen Vergangenheit und Moderne. Mit viel Fantasie haben die beiden die Speisekarte des Weinhauses gestaltet, wobei ihnen der Spagat zwischen der Rückbesinnung auf alte Traditionen und der Experimentierfreude unserer Zeit gelingt. Geboten werden regionale fränkische Gerichte auf gehobenem Niveau - aber dennoch bodenständig und ohne Schnörkel. Zum Angebot gehören beispielsweise eine Hafenlohrtaler Lachsforelle aus dem Spessart in Pecannusskruste überbacken, mit Gemüse und Kartoffelgugelhupf. Oder ein Hirschrückensteak in Schokoladensoße mit getrockneten Kirschen, mit Kastanienklößen und Buttergemüse. Das Steak übrigens in einer Kruste aus Dettelbacher Muskazinen, einem typischen Gebäck, das vor allem zu Wallfahrten gebacken wurde und das in einer Bäckerei in Dettelbach hergestellt wird. Genauso köstlich: die Schwarzwurzelsuppe mit selbst gemachtem Speckeis.

Die Wirtsleute Petra und Richard Huth sind Menschen mit einer Mission: Sie wollen das Wissen um alte Produkte und deren Verwendungsmöglichkeiten bewahren. „Es kann doch nicht sein", sagt Richard Huth, „dass wir uns heute von 30 bis 40 verschiedenen Produkten ernähren, während unsere

Weinhaus
Zum Stachel

Gressengasse 1
97070 Würzburg

Telefon 09 31 / 5 27 70
Telefax 09 31 / 5 27 77

WÜRZBURG

Urgroßmütter noch 1500 Produkte kannten und verwendeten". So wird in der Küche mit Kräutern wie Brunnenkresse, Eisenkraut, Sauerampfer oder Löwenzahn gearbeitet. Und zu vielen Fischgerichten wird als Beilage die so genannte Avena verwendet, eine alte Weizensorte, die heute fast vergessen ist. Sie wird gekocht und ähnelt in ihrer Konsistenz und ihrem Geschmack einem Risotto.

Petra und Richard Huth stemmen sich mit viel Kraft und Energie gegen die Geschmacksvereinheitlichung durch Tütensuppen und Convenience-Food. Geschmack und das Verständnis dafür hat für die beiden auch etwas mit Erziehung zu tun und so erziehen die Wirte ihre Gäste in gewisser Weise, durch die Gestaltung der Karte, aber auch in Gesprächen.

Verwöhnt werden die Gäste im gediegenen und edlen Ambiente des Lokals. An der Einrichtung aus dunklem Holz, an den mit alten Porträts geschmückten Wänden hat sich seit Jahrzehnten nichts geändert. Im Sommer treffen sich die Freunde des Genusses im anliegenden Innenhof, der eine fast schon venezianische Aura verströmt und der in der warmen Jahreszeit zu einem der meist frequentierten Plätze Würzburgs gehört. So wenig wie sich die gehobene fränkische Küche verstecken muss, so wenig müssen sich die fränkischen Winzer verstecken, die im Weinhaus Zum Stachel gebührend geehrt werden. Fast ausschließlich Frankenweine werden hier angeboten und die Huths zeigen mit einem gewissen Stolz ihre Weinkarte, auf der die namhaftesten Winzer der Region vertreten sind. Alle Weine werden persönlich von den Wirtsleuten ausgesucht; alle Winzer sind ihnen persönlich bekannt.

Genauso wie bei den Zutaten in der Küche legen die Huths auch beim Wein Wert auf höchste Qualität. Qualität, die ihren Preis hat, aber diesen Preis in jedem Fall auch wert ist.

Und so gehören zu den Gästen des Weinhaus Zum Stachel Menschen, die in jeder Hinsicht einfach gut essen wollen.

Hirschrücken aus dem Spessart mit Dettelbacher Muskazinenkruste & Schokoladensoße

Zutaten
700 g Hirschrücken ohne Knochen
Salz und Pfeffer aus der Mühle
etwas Öl zum Anbraten
Für die Kruste:
100 g Butter
50 g Dettelbacher Muskazinen (Gebäckspezialität aus Dettelbach)
100 g geriebenes Weißbrot, o. Rinde
Für die Schokoladensoße:
1/2 l Wildfond
50 g Kouvertüre (70% Kakao), gehackt
100 g gut gekühlte Butter, in Würfeln
30 g getrocknete Kirschen, etwas Rotwein zum Einweichen der Kirschen

Zubereitung
Butter schaumig schlagen. Muskazinen fein raspeln, unter Butter mischen. Zum Schluss Brösel untermischen, alles gut verrühren. Kirschen in Rotwein einweichen. Ofen auf 120 °C vorheizen. Hirschrücken in Scheiben schneiden, mit Salz, Pfeffer würzen. In einer Pfanne Öl erhitzen; Die Steaks darin von beiden Seiten kurz anbraten. Muskazinenkruste auf Fleisch verteilen. Pfanne mit den Steaks für ca. 10 Minuten in heißen Ofen stellen. Fond erwärmen, circa 5 Minuten leicht köcheln lassen; Eingeweichte Kirschen zugeben. Butter mit Schneebesen unter köchelnden Fond mischen, bis sie sich ganz aufgelöst hat. Topf vom Herd nehmen, gehackte Schokolade unterrühren. Steaks aus Ofen nehmen, bei starker Oberhitze kurz überbacken, um eine schöne Kruste zu bekommen. Schokolade als Spiegel auf Teller verteilen, Steaks auf Spiegel setzen, servieren. Dazu passen Kartoffelklößchen, in die Kastanienmehl eingearbeitet wurde, gekocht und in Butter gebacken, Butterrosenkohl oder Schwarzwurzeln.

SCHLOSS STEINBURG

Schloss Steinburg

Auf dem Steinberg
97080 Würzburg

Telefon 09 31 / 9 70 20
Telefax 09 31 / 9 71 21

Die Steinburg, auf dem Steinberg hoch oben über Würzburg, ist eines der Wahrzeichen der Stadt, das man fast von jedem Punkt des Ortes aus sehen kann. Mächtig thront die Burg über der Stadt und bietet von dort einen atemberaubenden Blick über Würzburg und seine Weinberge.
Auf diesem Schloss spukt es, aber es sind gute Geister, die für das Wohl ihrer Gäste sorgen. Allen voran Schlossherr Lothar Bezold, der das Hotel in der dritten Generation führt und dafür sorgt, das sich der Gast in dem romantischen Gemäuer mit seinem bezaubernden Ambiente mehr als wohl fühlt. Dabei ist die Steinburg bei weitem nicht so alt wie sie wirkt. Denn das Haus wurde erst 1897 erbaut, vermutlich auf den Fundamenten des Castrum Lapide, einer hohenlohischen Adelsburg, die sich dort im 13. Jahrhundert befand und während eines Bürgeraufstandes zerstört wurde.
In der Küche spukt ein Küchenchef, der eine mediterrane Küche mit regionalen Akzenten und asiatischen Einflüssen kreiert hat. Man liebt hier die ungewöhnlichen aber stets äußerst wohlschmeckenden und aufregenden Kreationen, inspiriert aus den Küchen der ganzen Welt, die alle Sinne ansprechen. So gibt es beispielsweise beim „Sinnlichen Aroma Menü" ein Carpacchio vom Seeteufel, ein Zitronengras-Rotbarbenschaschlik, ein mediterranes Lamm-Carré und Rinderfilet mit jungem Lauch. Genauso köstlich klingen die soufflierte Wachtelbrust an Quittenmostrada und das Duett von Reh und Wildschwein in Laugenkruste an Petersilienwurztartar mit einer Guanaja Schokoladen Sauce. Und diese Kreationen klingen nicht nur gut, sie sind es auch.
Phantasievoll und doch weitgehend bodenständig, das ist das Ziel der Küche, und das wird auf jeden Fall auch erreicht.
Der Chef und seine stets freundlichen Mitarbeiter kümmern sich um ihre Gäste, man will, dass sich der Gast wohl fühlt und auch etwas Unerwartetes erlebt. Das gelingt der Mannschaft nicht nur auf den Tellern sondern auch im Restaurant, wenn die Gäste zum Beispiel einen Mord aufklären müssen. Keine Angst, es handelt sich hier um kein echtes Verbrechen, sondern um den „Dinner-Krimi", bei dem der Gast während des Essens einen Mord erlebt und sich dabei sogar der kriminalistischen Aufklärungsarbeit anschließen kann. Ein rasanter Abend ist garantiert.
Zu den vielen Annehmlichkeiten, die das Schlosshotel Steinburg bietet, gehören auch die „Schlosstage für zwei Herzen".
Dabei kann man in den sehr stilvoll eingerichteten Zimmern übernachten und sich von der Mannschaft des Hauses so richtig verwöhnen lassen: In der Sauna, im Hallenbad oder auf einer Wanderung durch die Weinberge, für man sich auch einen Picknickkorb zusammenstellen lassen kann.
Dieses Angebot nutzen auch viele Gäste, die in Würzburg und dem Umland, um einfach mal Urlaub vom Alltag zu machen, und sei es auch nur kurz.
Bemerkenswert ist auch die Weinkarte des Restaurants, für die Restaurantleiter Johann

WÜRZBURG

Sturm verantwortlich ist. Sie umfasst über 200 Positionen, mit Schwerpunkt auf den edlen Gewächsen der erstklassigen fränkischen Weinlagen, aber auch mit guten Tropfen aus allen großen Anbauregionen dieser Welt bietet.

Als die Familie Bezold das Haus 1937 übernahm, war die Steinburg lediglich ein einfaches Ausflugslokal ohne Gästezimmer. In zäher Arbeit hat die Familie daraus ein Vier-Sterne-Hotel gemacht, das einen fünften Stern längst verdient hätte. Aber Lothar Bezolds Bemühungen drehen sich in erster Linie um das Wohl seiner Gäste, deren Meinungen für ihn wesentlicher sind als Auszeichnungen. Und dass sich seine Gäste hier sehr wohl fühlen, gelingt ihm und seinem Team außerordentlich gut.

Delice von schwarzer Jakobsmuschel, Crunchy Garnele und Speckzander

Zutaten

4 Jakobsmuscheln (Trockenware)
4 Garnelen
320 g Zander mit Haut
100 g Krabbenchips zum Panieren
100 g gemischte Trockenpilze
4 Scheiben Speck
2 Stangen Zitronengras
120 g Perlgraupen
150 g Fenchel, 150 g Ananas
50 g Paprikawürfel, rot
150 ml Ananassaft
50 ml Sahne, 1 Eiweiß
500 ml Geflügelbrühe
50 ml Basilikumpesto
50 ml Balsamicoreduktion
Salz, Pfeffer, Zitronensaft
Rosmarin, Thymian

Zubereitung

Abgezogenen Jakobsmuscheln mit Zitronensaft beträufeln, in feingemahlenen Pilzen panieren. Eiweiß kurz anschlagen, Garnelen durchziehen, auf Zitronengras spießen, in gemahlenen Krabbenchips panieren. Zander in Speck einschlagen.
Fenchel kurz anbraten, mit Ananassaft abschlöschen, einkochen, bis Fenchel gar ist. Ananas- und Paprikawürfel zugeben, von der Hitzequelle nehmen und mit Salz, Pfeffer würzen. Perlgraupen in Butter anschwitzen, mit Geflügelbrühe ablöschen. 25 Min. bei mittlerer Hitze garen. Zander auf Hautseite anbraten, wenden, 7 Min. im Ofen grillen. Muscheln, Garnelen von beiden Seiten anbraten. Etwas Rosmarin, Thymian in Pfanne geben. Zum Anrichten unter die Perlgraupen geschlagene Sahne geben. Zander auf Graupen, Muscheln auf Ananas-Fenchelsalat setzen.

Im Jahreslauf

Frankens Weine

Zwischen Aschaffenburg und Schweinfurt, an den Südhängen im Tal des Mains und seiner Nebenflüsse liegt das Paradies für Weinfreunde, Weinfranken. Wegen der geographischen Lage ist es durchaus legitim, gleichzeitig von Wein- und Mainfranken zu sprechen. Hier gibt es trockene, warme Sommer, in denen der Wein seine Trauben aromareich reifen lassen und kalte Winter, in denen er Kraft für das nächste Jahr sammeln kann. Auf insgesamt 6200 Hektar Gesamtrebfläche finden sich als Untergrund im Mainviereck in Unterfranken und im Spessart Verwitterungsböden des Urgesteins und Buntsandsteinböden; im Maindreieck bei Wertheim und Miltenberg herrscht tiefgründiger Muschelkalk und im Steigerwald feinkrumiger Keuperboden vor. Als wahrer Segen stellte sich die Erfindung des Pfropfrebenanbaus heraus.

Er stoppte in den letzten Jahrzehnten den wohl bekanntesten und gefürchtetsten tierischen Schädling im Weinberg, die Reblaus. Reblausfeste Unterlagsreben, die selbst keine Früchte tragen, sind längst Standard in Franken. Die fränkischen Spitzenweine wachsen heute an veredelten Reben. Jedes Jahr produzieren die fränkischen Winzer rund 470 000 bis 560 000 Hektoliter Frankenwein, das entspricht nur 6 Prozent des Ertrages in ganz Deutschland. Doch Franken setzt dafür auf Qualität. In Franken sind rund 50 Rebsorten zu finden, allerdings hat es nicht jede davon zu weit reichendem Ruhm gebracht. Müller-Thurgau oder Rivaner steht mengenmäßig an erster Stelle in Franken. Knapp die Hälfte der Rebflächen sind mit dieser edlen Traube bepflanzt. Ihren Namen verdankt sie Professor Müller aus dem Thurgau in der Schweiz. Sie stammt von der Rieslingrebe ab. In den letzten Jahren hat die trocken-moderne Variante unter dem Namen Rivaner immer mehr Freunde gewonnen. Das Aroma des Müller-Thurgau wird mit zarten Muskat- und Walnusstönen beschrieben; mit seiner milden Säure passt dieser Wein bestens zu leichten Speisen wie Fisch. Er sollte jung getrunken werden. Silvaner gilt bei vielen Experten als DER Frankenwein schlechthin. Er stellt auch die zweithäufigste Rebsorte Frankens dar. Die Rebe wurde 1665 von Abt Alberich Degen in die Zisterzienser-Abtei Ebrach im Steigerwald eingeführt. Damit ist der Silvaner eine unserer ältesten Rebsorten. Er zeichnet sich durch seine milde Fruchtigkeit aus. Besonders zu empfehlen ist er zu Fisch und hellem Fleisch.

Edelsüße Auslesen sind als Aperitif oder zum Nachtisch perfekt.

Bacchus ist eine Neuzüchtung aus der Pfalz, eine Kreuzung aus Silvaner, Riesling und Müller-Thurgau. Eine frühreife Sorte, deren Trauben sehr fruchtig schmecken. Die Ernte kann spät im Jahr erfolgen, was einen sehr extraktreichen, blumigen Wein ergibt. Weinkenner trinken den Bacchus am liebsten kurz nach dem Abfüllen, also schon ab dem Frühjahr des folgenden Jahres. Er lässt sich aber auch gut mittellang lagern. Bacchus passt besonders gut zu süßsauer gewürzten Speisen, Kalbfleisch und Geflügel. Kerner ist eine wertvolle Neuzüchtung (1929) aus Trollinger und Riesling. Diese weiße, früh reifende Rebsorte verdankt ihren Namen dem schwäbischen Arzt, Heimatdichter und Weinfreund Justinus Kerner (1786-1862). Die rieslingartigen, frischen und säurebetonten Weine haben ein ausgeprägtes Aroma. Halbtrocken bis lieblich ausgebaut und gut gekühlt passt dieser Wein wunderbar zu hellen Fleischgerichten, aber auch zu Lamm und zu Nachspeisen und Käse. Riesling gilt als einer der besten Weine der Welt. Seine besonders kleinen Trauben reifen noch spät in den Oktober und November hinein. Die weiße Rebsorte stammt wahrscheinlich direkt von einer Wildrebe im Rheintal ab, allerdings erheben auch die Winzer der österreichischen Wachau Anspruch auf die Sorte, weil es im 13. Jahrhundert einen urkundlich erwähnten Weingarten bei Weißenkirchen mit dem Namen „Ritzling" gegeben hat. Weinfreunde

schätzen am Riesling die Harmonie von Säure, Körper und Extrakt. Der Riesling hat eine extreme Langlebigkeit, Prädikatsweine halten 20 bis 30 Jahre und auch länger. Besonders gut passt ein Riesling zu leichten und etwas kräftigeren Speisen, Sahnesoßen, Salaten und auch zu Fisch und Krustentieren. Blauer Spätburgunder ist, wie der Riesling unter den Weißweinen, die eleganteste, ungewöhnlichste Rotweinsorte in Deutschland. Seine Urheimat ist, wie der Name schon sagt, Burgund. Die kleinen Beeren dieser Rebsorte reifen spät. Ihr Geschmack ist samtig, vollmundig, feurig, mit einem Hauch von Mandeln. Blauer Spätburgunder ist ein perfekter Begleiter zu Wild, kräftigen Braten und gehaltvollen Käsesorten.
Domina ist eine relativ junge Rebsorte, die unter Rotwein-Kennern immer mehr Freunde gewinnt. Tiefdunkel und würzig schillert sie im Glas. Entstanden ist die Sorte aus dem Portugieser und dem Spätburgunder. Der volle Geschmack reifer Beeren, mit verführerischen Fruchtnoten wie Brombeere und Himbeere, geben dieser Rebsorte Fülle, mit entsprechendem Potenzial.
Sie kann auch zu Rind und Lamm und zu fast allen Wildgerichten bestehen. Von allen

Frankenweinen werden knapp 60 Prozent in der schmalen Flasche vermarktet, der Rest wird in die typische Bocksbeutelflasche gefüllt. Vor der Weinlese müssen die Weinbauern ihren Reben aber viel Pflege angedeihen lassen, um wirklich beste Trauben ernten zu können. Das Weinjahr beginnt im Januar und Februar, also vor dem Austrieb im Frühjahr, mit dem Rebschnitt. Altes Holz wird entfernt und die Zahl der Fruchtruten wird bestimmt. Wenige Ruten bedeuten bessere Qualität.
Im März und April werden die Fruchtruten nach unten gebogen und gebunden.

Im Jahreslauf

So werden die Triebe gleichmäßig verteilt.
Ab April wird dann der Boden mit verschiedenen Arbeitsgeräten wie Grubber, Fräse und Kreiselegge aufgelockert.
So wird das natürliche Bodenleben angeregt. Danach werden Begrünungspflanzen eingesät, um die Feuchtigkeit im Boden zu halten.
Von Ende April bis Anfang Mai treiben die Reben dann aus.
Während der Blüte Ende Juni sollten die Reben möglichst ihre Ruhe haben. Denn zu dieser Zeit beginnt die heikle Phase der Selbstbefruchtung des Weins.
Um ein Abbrechen der Reben zu verhindern, binden die Winzer sie auf oder stutzen sie. Außerdem schneiden die Winzer auch Fruchtansätze ab, um die Qualität der verbleibenden Trauben zu steigern. Während der gesamten Wachstumsperiode von Juni bis August sind die Weingärtner mit Laubarbeiten beschäftigt. Auf der einen Seite werden die Triebe so vor Windbruch geschützt, auf der anderen Seite bedeuten weniger Blätter auch eine bessere Durchlüftung des Rebstocks. Ende August bis Anfang September werden die Trauben dann „weich". Im September beginnt die Weinlese, oft unter Zeitdruck. Schon wenige Tage zu lange am Stock können die Qualität der Trauben erheblich mindern. Ganz abgesehen davon, dass schlechtes Wetter die Arbeit im Weinberg erheblich erschwert. Nach dieser Strapaze muss der Winzer ein letztes Mal in diesem Weinjahr Hand anlegen. Der stark von den Erntehelfern zertretene Boden muss noch einmal umgepflügt werden.
Erst wenn der Schnee eine Decke über die Reben gelegt hat, können sich Wein und Winzer bis zum nächsten Rebschnitt erholen.

ZUM FALKEN

Eine Fahrt durch das wunderschöne Taubertal ist ein Erlebnis für alle Sinne. Die Landschaft ist atemberaubend: Sanft geschwungene Hügel, Wälder, Äcker und Wiesen wechseln sich ab. Hier zeigt Deutschland sein wohl romantischstes Gesicht. Hier wird das Auge mehr als verwöhnt. Nicht umsonst führt durch diese Gegend die Romantische Straße. Und an ihrer Kreuzung mit der Mittelfränkischen Bocksbeutelstraße liegt der beschauliche kleine Ort Tauberzell.

Dort verwöhnt der Wirt und Küchenchef Lars Zwick seine Gäste nach allen Regeln der kulinarischen Kunst, in einem Haus, das auf eine lange Tradition zurückblicken kann.

1604 wurde das Gebäude des Landhauses Zum Falken errichtet und diente zunächst dem örtlichen Amtmann als Dienstsitz. Ein Nachfolger begann, Gäste zu verköstigen, im Falken haben also bereits Landsknechte Brotzeit gemacht und sich den „Tauberzeller Hasennestle" schmecken lassen, eine Weinlage, die hervorragende Rot- und Weißweine hervorbringt. Heute verwöhnt dort Wirt und Küchenchef Lars Zwick seine Gäste, und das auf höchstem Niveau. Das Landhaus Zum Falken wurde vom Bayerischen Wirtschaftsministerium und vom Bayerischen Hotel- und Gaststättenverband mit drei Sternen ausgezeichnet. Eine Ehre, die auch Ansporn ist. Gelernt hat Lars Zwick seinen

**Landhaus
Zum Falken**

Tauberzell 41
91587 Tauberzell

Telefon 0 98 65 / 94 19 40
Telefax 0 98 65 / 94 19 426

TAUBERZELL

Beruf in Nürnberg, im renommierten Schwarzen Adler.
Danach erweiterte Zwick seine Kenntnisse im Zwei-Sterne-Restaurant Da Gianni in Mannheim und eignete sich die Geheimnisse der elsässischen, schweizerischen und italienischen Küche an.
Später zog es ihn nach Niederösterreich, ins

berühmte Landhaus Bacher, wo er zum Küchenchef avancierte.
Die Erfahrungen, die er in Österreich gemacht hat, waren für Lars Zwick besonders prägend, und so bietet er auf seiner Karte eine Mischung aus fränkischen und österreichischen Gerichten.
Im gesamten Taubertal bekannt sind die typisch österreichischen Mehlspeisen oder auch die hausgemachte Marillenmarmelade, für die er sich die Marillen eigens aus der Wachau liefern lässt. Aber auch Liebhaber der regionalen Küche kommen im Falken nicht zu kurz: Die ofenfrische Bauernente stammt von Züchtern aus der Umgebung und das Schweinefleisch von einem Schlachthof aus dem Nachbarort. Ergänzt werden die süßen Leckereien aus Österreich durch eine regionale Spezialität: Die Rothenburger Schneeballen, die natürlich ebenfalls im Haus selbst hergestellt werden.
Besonderen Wert legt man im Falken auf hausgemachte Spezialitäten wie beispielsweise die Bratwürste oder die Ravioli. Natürlich variiert Lars Zwick sein Angebot auch nach Saison. So ist der Herbst die Zeit der Wildspezialitäten. Das Landhaus Zum Falken bezieht das Wildbret von heimischen Revieren, waidgerecht erlegt von Jägern, die den Wildbestand hegen und sorgsam mit ihm umgehen.

Und noch eine Köstlichkeit liefert der Wald, nämlich Pilze, vor allem Steinpilze. Zubereitet in den verschiedensten Variationen sind sie eine willkommene Abwechslung im ohnehin vielfältigen Angebot der fränkischen und österreichischen Spezialitäten.
Auch auf der Weinkarte bietet Zwick die bewährte fränkisch-österreichische Mischung. Sie kann auch im 400 Jahre alten Weinkeller probiert werden, einem urigen Raum, in dem die guten Tropfen nochmal so gut schmecken.
Das Taubertal ist eine Reise wert, aber man sollte dabei auf jeden Fall im Landhaus Zum Falken vorbeischauen.

KRONE

Niederstetten ist ein beschaulicher kleiner Ort, nur wenige Kilometer von Rothenburg ob der Tauber entfernt. Der alte Stadtkern rund um den Marktplatz herum ist erhalten geblieben; die alten Fachwerkhäuser wurden liebevoll restauriert und erstrahlen in farbenfrohem Glanz.

Das Städtchen ist ein Idyll, das bei weitem mehr Besucher verdient hätte als tatsächlich den Weg dorthin finden, ein Geheimtipp unter den Sehenswürdigkeiten des Taubertals, und ein lohnendes Ziel für alle, die gern abseits der touristischen Trampelpfade unterwegs sind.

Ein ebensolcher Geheimtipp wie Niederstetten ist der Gasthof Krone direkt am Marktplatz. Das altehrwürdige Haus, erbaut im Jahr 1460, wird bereits seit fast 140 Jahren von der Familie Marquardt geführt und zählt zu den besten Häusern der Region. Garant für die außerordentliche Qualität ist Dirk Marquardt, der das Haus 1997 übernommen hat. Bevor er den Gasthof Krone von seinen Eltern übernahm, hat er in Sterne-Restaurants Erfahrungen gesammelt, zuerst im „Ritter" in Durbach, später im „Viktoria" in Mergentheim. Er bietet seinen Gästen eine gehobene Küche mit einem ausgezeichneten Preis-Leistungsverhältnis: Neben der Krone gibt es in Deutschland nur noch 19 weitere Häuser, die sowohl für das Restaurant den Bib Gourmand als auch für das Hotel den Bib Hotel von Michelin bekommen haben.

Das große Restaurant der Krone heißt „Die Gute Stube", und diesen Namen trägt es zu Recht. Der Raum ist stilvoll eingerichtet, mit

Hotel Gasthof Krone

Marktplatz 3
97996 Niederstetten

Telefon 0 79 32 / 89 90
Telefax 0 79 32 / 89 960

NIEDERSTETTEN

warmen, mediterranen Farben an den Wänden, liebevoll, aber nicht überladen dekoriert. Der Gast nimmt bereits mit einem guten Gefühl Platz, das sich beim Blick auf die Speisekarte zur wahren Vorfreude steigert. Dort findet man so köstliche Gerichte wie geschnetzeltes Rehnüsschen in Rosmarinsoße mit frischen Steinpilzen, gebratene Poulardenbrust mit frischem Gemüse vom Markt und Butternudeln oder Lachsfilet mit Kartoffelschuppen auf Kirschtomaten mit gebratenen Shiitake-Pilzen, Safransoße und Olivenspaghetti.

Auch Vegetarier finden auf der Karte das Passende, beispielsweise ein Ragout von frischen Pilzen in Kräuterrahmsoße mit Butternudeln oder eine Gemüseplatte mit Austernpilzen, Schnittlauchsoße und Kroketten. Als krönender Abschluss wäre ein Salat von frischen Früchten mit Grand Marnier denkbar, empfehlenswert ist aber auch das Apfelküchle mit Vanilleeis und Calvados.

Dirk Marquardt will seinen Gästen Abwechslung bieten und deshalb setzt er nicht ausschließlich auf köstliche regionale Gerichte wie den Fränkischen Zwiebelrostbraten oder die Schweinelendchen mit Rahmsoße und frischen Pilzen, die natürlich sehr gut schmecken. Bunte Nudeln oder der fangfrische Seeteufel lassen ein Gefühl von Urlaub aufkommen.

Einen erholsamen Urlaub kann man natürlich auch im Gasthof Krone erleben; die Stadt und der Umkreis bieten zahlreiche Möglichkeiten für Freizeitaktivitäten wie Konzerte, Museen und Burgen sowie ein Freilichttheater in Niederstetten.

Entspannen kann man sich in den 32 modern eingerichteten Zimmern, in denen kein Wunsch offen bleibt, oder im neu gestalteten Wellnessbereich mit Sauna, Dampfbad und Solarium.

Das Hotel Gasthof Krone ist eine Adresse, die man sich auf jeden Fall merken sollte.

Wildentenbrust auf Schupfnudeln und Orangensoße

Zutaten

2 Wildenten, Wildentenknochen
50 g Butter, Pflanzenöl
je 1 Karotte, Zwiebel
Rosmarin
1/2 EL Tomatenmark
3 dl Brühe, 5 cl Orangensaft, Portwein
Für die Schupfnudeln:
500 g Kartoffeln, 125 g Mehl
1 Ei, Salz, Muskat

Zubereitung

Ausgelöste Entenbrust mit Salz, Pfeffer würzen. Kurz von beiden Seiten in Öl anbraten, im Ofen bei ca. 200 °C rosa weiter garen. Für Soße Knochen im Öl anbraten, Karotten, Zwiebeln, Rosmarin zugeben, weiterbraten. Später Tomatenmark zugeben, kurz mitrösten. Mit Rotwein ablöschen. Alles mit Brühe auffüllen, einkochen lassen. Währenddessen wird Portwein mit Orangensaft reduziert. Danach wird Wildjus dazugegeben und noch einmal aufgekocht. Soße mit Butter verfeinern. Für Schupfnudeln gekochte Kartoffeln reiben. Mit Mehl, Ei, Salz, Muskat zu Teig kneten, daraus kleine Würstchen formen. Diese 2 Minuten im Salzwasser kochen, abgetrocknet im heißen Fett goldgelb backen.

TABAKHAUS MAGNE FALKUM

**Tabakhaus
Magne Falkum**

Hauptstraße 30
63897 Miltenberg am Main

Telefon 0 93 71 / 39 80
Telefax 0 93 71 / 6 97 23

Das Haus zählt zu den internationalen Topadressen in Sachen Tabakgenuss; Kunden aus aller Welt geben sich hier ein Stelldichein. Und nicht nur das. Zigarettenraucher, die von ihrer Sucht loskommen wollen, haben verschiedene Möglichkeiten: Sie können es mit Nikotinpflastern, Akupunktur oder Seminaren versuchen. Oder sie fahren nach Miltenberg und besuchen das Tabakhaus Magne Falkum. „Wie bitte?" wird der erstaunte Leser jetzt fragen. „Wie soll ein Raucher in einem Tabakhaus den Zigaretten abschwören?".
Es wäre nicht das erste Mal, dass jemand, der den Laden am Rand der Miltenberger Altstadt nahe des Würzburger Tores betritt, umsteigt von Zigaretten auf Zigarre oder Pfeife. So wie der Gründer Magne Falkum vor gut 60 Jahren auf die Pfeife umgestiegen ist. Seitdem ist Zigarettenrauch im Haus Falkum verpönt. Als starker Raucher (er brachte es fertig, bis zu 100 Zigaretten pro Tag zu rauchen) suchte er eine Alternative zu den Glimmstängeln, zunächst für

sich selbst, dann auch für andere.
Die Zusammenarbeit mit einer kleinen Tabakfabrik in Bruchsal war der Auslöser dafür, ab Anfang der 1960er Jahre völlig neue Geschmacksrichtungen für Pfeifentabake zu entwickeln. Sein Ziel war es, aus dem hektischen und banalen Zigarettenrauchen wieder eine Rauchkultur entstehen zulassen, wie zu Zeiten, da feine Herrschaften sich nach einem guten Essen einen Smoking anzogen und sich in ein Raucherzimmer begaben, um eine gute Zigarre oder Pfeife zu

MILTENBERG

genießen. Durch seine Philosophie des Genussrauchens wurde Magne Falkum bald zu einer Legende und selbst militante Nichtraucher taten sich schwer, seiner Argumentation zu widersprechen. Der Sucht hielt er den bewussten Genuss eines guten Pfeifentabaks entgegen, der mit Speisen oder Getränken harmonieren sollte. Die Experimentierfreude im Hause Falkum machte bei den Pfeifentabaken nicht halt. Man entwickelte auch ein Zigarillo mit einer Mischung aus Zigarren- und Pfeifentabaken. Diese Erfindung, mit der gezielt Zigarettenraucher angesprochen werden sollten, wurde und ist noch so erfolgreich, dass sie als „Mutter aller aromatisierten Zigarillos" bezeichnet werden kann.

Was Vater und Sohn bis Anfang der 1980er Jahre gemeinsam machten, wird mittlerweile von Gerhard Falkum in dieser Philosophie und Tradition fortgeführt. Auch er entwickelt immer neue Geschmacksrichtungen

für Pfeifentabake und hat jetzt wieder ein neues Zigarillo entwickelt. In ihm sind die verschieden fermentierten Tabake so miteinander gemischt, dass eine starke geschmackliche Affinität zur Bitterschokolade entsteht. Und tatsächlich: Wer die kleine Holzkiste mit den Zigarillos öffnet und hineinriecht, nimmt einen feinen Duft nach Zartbitter-Schokolade wahr. Und im Mund gehen die Aromen des Zigarillo und der Schokolade eine sehr harmonische, weiche Verbindung ein. Wie Gerhard Falkum das geschafft hat, behält er natürlich für sich. Das Hauptgewicht im Tabakhaus Magne Falkum liegt auf der Kreation von Pfeifentabaken. Von den insgesamt über 180 verschiedenen Sorten wurden mehr als 100 von den Falkums entwickelt, und wer die dazugehörige Pfeife braucht, hat die Auswahl unter gut 18 000 Exemplaren. Glaubt man Branchenkennern, so besitzt das Haus Falkum eine der weltweit größten Kollektionen an Pfeifen, die käuflich zu erwerben sind. Das Herz des Tabakhauses Falkum schlägt aber im Untergeschoss: In das frühere Weinkellergewölbe aus rotem Buntsandstein wurde ein etwa 26 Quadratmeter großer Naturhumidor für das reichhaltige Zigarrenangebot eingebaut. Der Feuchtigkeitstransport wird in diesem Gemäuer auf schonende Weise über die Kapillarwirkung des Sandsteins gewährleistet. Die Temperaturspitzen im Sommer und Winter regelt ein Klimasystem. So sind Luftfeuchtigkeit und Temperatur das ganze Jahr über weitgehend konstant. Die Qualität dieses Humidors zeichnet sich dadurch aus, dass in der Luft nur ein schwacher Hauch von Zigarrenduft hängt. Das bedeutet: Das Aroma der Zigarren ist noch dort, wo es hingehört, in den Zigarren. Wer mehr über Pfeifen und Zigarren erfahren möchte, dem seien die Seminare und Events empfohlen, bei denen die unterschiedlichen Geschmäcker fester, flüssiger und gasförmiger Genüsse miteinander vernetzt werden. Gemeinsam mit Köchen, Winzern und Schnapsbrennern veranstaltet Gerhard Falkum diese Events, und dabei kann sich auch mal herausstellen, dass ein Dessert erst dann mit einer Zigarre harmoniert, wenn die Süßspeise mit schwarzem Pfeffer verfeinert wird.

Wer den wahren Genuss des blauen Dunstes erleben will, der sollte nach Miltenberg zu Gerhard Falkum fahren und sich persönlich beraten lassen. Und die Wahrscheinlichkeit ist gar nicht mal so gering, dass der Besucher tatsächlich von den Zigaretten loskommt.

SCHAFHOF

Schafhof Amorbach GmbH & Co. KG

Schafhof 1
63916 Amorbach

Telefon 0 93 73 / 9 73 30
Telefax 0 93 73 / 41 20

Schon die Fahrt zum traumhaft gelegenen Landhotel Schafhof ist etwas ganz Besonderes. Der Gast fährt durch ein romantisches Waldstück im Naturpark Bayerischer Odenwald, vorbei an hügeligen Weiden mit ruhig grasenden Schafen. Die schmale Straße führt den erholungssuchenden Feinschmecker zu einer malerischen Benediktinerabtei aus dem Jahr 1446. Ganz von selbst fällt der Stress von einem ab, sobald man die stilsicher und liebevoll restaurierte Klosteranlage erreicht hat. Man kann zwischen zwei ausgezeichneten Restaurants wählen: Wem der Sinn nach klassisch-französischer Küche steht, der ist im Gourmetrestaurant Abt- und Schäferstube perfekt aufgehoben. „Feinschmecker" und Gault Millaut haben bereits ihre Begeisterung für dieses Restaurant mit Auszeichnungen bekundet. Liebhaber ländlich-mediterraner Speisen finden in der Benediktinerstube den idealen Ort, um sich verwöhnen zu lassen. Beim Betreten des Restaurants empfängt ein wunderschöner Kamin aus Buntsandstein die Gäste. Daneben öffnet sich der in warmen Tönen gehaltene Gastraum. Kunstvolle Wand- und Deckenmalereien verleihen dem gemütlichen Ambiente das gewisse Etwas. Für das Schafhof-Team, geführt von Familie Ullrich, ist es oberstes Gebot, dem Gast das Gefühl zu geben, zu Hause zu sein. Dazu gehört auch ein liebevoller und ehrlicher Service. Der Küchenchef zaubert u.a. Köstlichkeiten vom Lamm in höchster Vollendung, in bodenständigen oder auch phantasievollen Vatiationen. Schließlich kann er aus den eigenen Herden um den Schafhof aus dem Vollen schöpfen. Ein typisches Menü im Restaurant Abt- und Schäferstube lässt den Genießer ins Schwärmen geraten:

AMORBACH

Gefülltes Lammkarree mit gefüllter Zucchiniblüte

Zutaten
Für das Lamm:
2 Lammkarrees, 2 Lammfilets
50 g Spinat, 1 Knoblauchzehe
je 1 Zweig Rosmarin, Petersilie
Thymian, 100 g Butter
1 EL Olivenöl, Salz, Pfeffer,
2 EL frische Weißbrotbrösel
Für die Soße:
1 TL Kräuterbutter, 20 cl Lammfond
1 EL Rotwein, 1 EL Pfeilwurzelmehl
Für die Zucchiniblüten:
4 Zucchiniblüten
je 1 Schalotte, Paprika, Tomate
Zucchini, kleine Aubergine
2 Knoblauchzehen, 1 Zweig Basilikum
120 g Maisgrieß, 240 g Geflügelbrühe
50 g Pecorino, Salz, Pfeffer

Zubereitung
Lammfilet mit blanchiertem Spinat umwickeln. Tasche in Karreee schneiden, Filet einfügen. Mit Salz, Pfeffer würzen, anbraten und bei 170 °C 14 Minuten in den Ofen schieben, warm stellen. Aus Knoblauch, Kräutern, Butter eine Kräuterbutter herstellen. Karree mit Bröseln bestreuen, Kräuterbutter aufstreichen, wiederum mit Bröseln bestreuen, unter dem Grill überbacken. Lammfond mit Kräuterbutter versetzen. Pfeilwurzelmehl mit Wein verrühren, Lammsoße zur gewünschten Konsistenz binden. Zucchiniblüten vom Stempel befreien, Stiel abschneiden, längs halbieren und in Olivenöl braten, mit Salz und Pfeffer würzen. Gemüsewürfel mit Schalotte, Knoblauch schmoren; mit Salz, Pfeffer würzen, Basilikumjulienne hinzufügen. Brühe aufkochen, dem Maisgrieß einreihen und abrösten, Pecorino hinzufügen, mit Salz, Pfeffer würzen. Das Ratatouille unterheben, in Zucchiniblüten füllen, Blüten ca. 10 Minuten gar dämpfen.

Den Auftakt bildet ein Mosaik von Fasan und Straßburger Gänseleber mit Cassismark, gefolgt von Zander auf der Haut gebraten mit Hummerravioli in Beurre Blanc-Essenz von Strauchtomaten mit Basilikum, den Hauptgang bildet ein Lammrücken mit Schnippelbohnen und Rosmarinjus. Zum Abschluss werden eine Auswahl feiner Rohmilchkäse und ein Walnussparfait mit Honig-Krokant-Eis und Zweierlei von Valrhona-Schokolade serviert. Die Benediktinerstube wartet z.B. mit einem in Schalotten und weißem Balsamico mariniertem Barschfilet oder einem saftigen Rinderrückensteak mit Pommery-Senf-Markkruste auf. Die süße Krone bildet eine Panna Cotta auf Fruchtmark und Feigensorbet. Zu solchen kulinarischen Köstlichkeiten bietet der Schafhof perfekt gelagerte und aufs Menü abgestimmte Weine. In den zwei Weinkellern lagern erlesene Tropfen aus Deutschland, Italien und Spanien. Erwähnenswert ist auch, dass die Gäste mit Wasser aus der eigenen, alten Klosterquelle bewirtet werden können. Das Wasser schmeckt weich und ist so neutral, dass es weder den Geschmack der Gerichte noch den der Weine verändert. Auch größere Gesellschaften finden im Schafhof alles, was man für eine gelungene Feier braucht. Dafür stehen der elegante Bankettsaal, das ehemalige Refektorium, und die rustikale Schafscheune zur Verfügung. Auch Tagungen können an diesem Ruhepol mitten in der Natur abgehalten werden. Das Landhotel bietet alle technischen Hilfsmittel für moderne Präsentationen. Für eine stilvolle Übernachtung können die Gäste unter 16 individuell eingerichteten Zimmern und 8 wunderschönen Suiten wählen. Aus einer der großzügigen Suiten hat man einen wunderschönen Blick auf den eigenen Kräutergarten des Schafhofs und auf einen traumhaft gelegenen Naturteich zum Baden. Beim Gang durch den Schafhof fühlt man sich in eine andere Zeit zurückversetzt, ohne dabei auf modernen Komfort verzichten zu müssen.
Ganz gleich, wie lange man in den Genuss des zuvorkommenden Teams, der wunderbaren Küche und der zauberhaften Umgebung gekommen ist: Es fällt immer schwer, Abschied zu nehmen.

WEINGUT STICH IM LÖWEN

Unter den fränkischen Weingütern ist das Weingut Stich Im Löwen in Bürgstadt etwas ganz Besonderes. Den Namen „Löwen" trägt das Gut, weil es sein Domizil in der ehemaligen Gaststätte Zum Löwen aufgeschlagen hat. Dieser war weit über die Grenzen Bürgstadts hinaus wegen seiner Veranstaltungen bekannt, bei denen sich viele junge Paare kennen und lieben gelernt haben.

Das Gebäude aus dem Jahr 1901, das passend im Stil der Jahrhundertwende neu gestaltet wurde, bietet auch heute wieder den Rahmen für Veranstaltungen, bei denen der Wein im Mittelpunkt steht. Jedes Jahr ab Ostermontag kann man im Löwen drei Wochen lang die Produkte des Weinguts probieren. Außerdem gibt es im Löwenhof Ende Juni bis Anfang Juli acht Tage lang einen Sommergutsausschank. Sehr interessant ist auch die Veranstaltung „Kabarett, Kunst und Wein" im September. Es lohnt sich, die Karten dafür vorzubestellen, denn die Abende sind schnell ausverkauft.

Wer zu all diesen Terminen keine Zeit findet, der kann mit dem Winzer auch individuelle Weinproben vereinbaren. 12 bis 150 Personen können dann die Spezialitäten des Ehepaares Stich in jeweils passenden Räumlichkeiten und in traumhafter Atmosphäre erleben. Die Weine wachsen zum einen am Bürgstadter Centgrafenberg auf Buntsandstein-Verwitterungsböden.

Diese sind leicht erwärmbar und damit ideal

Weingut Stich Im Löwen
Helga und Gerhard Stich

Freudenberger Straße 73
63927 Bürgstadt

Telefon 0 93 71 / 57 05
Telefax 0 93 71 / 8 09 73

Bürgstadt

für Spätburgunder. Außerdem besitzt Helga Stich Weinberge in der Prichsenstadter Krone am Fuße des Steigerwaldes. Hier gedeiht auf tiefgründigem, mineralischem Muschelkalk besonders guter Weißburgunder, Silvaner und Müller-Thurgau.
Spezialisiert hat sich Winzer Stich, der 1985 aus dem Nebenerwerb seiner Eltern seinen Hauptberuf gemacht hat, auf klassisch-trockene Spätburgunder und hochwertige, im Barrique gereifte Weiß- und Spätburgunder. Dazu produziert er Frankensekt nach traditioneller Flaschengärung und Tresterbrände vom Gewürztraminer und Spätburgunder.
Wegen der günstigen natürlichen Bedingungen haben die Weine wenig Säure und eine klare, fruchtige Note.
„Die Frucht vom Berg soll schmeckbar sein", das ist der Anspruch, den Gerhard Stich an seine Weine stellt und: „Man soll die Unterschiede der verschiedenen Standorte herausschmecken können".
Die Stichs sind Winzer mit Leib und Seele. Und gehen ihren Weg auf dem schmalen Grat zwischen Tradition und Moderne.
Ihr Motto lautet: „Weine mit Charakter für Menschen mit Charakter".
Für solche Weine ist ein gesunder Boden Voraussetzung, außerdem wird großer Wert auf selektive Handlese und eine möglichst schonende Vinifizierung gelegt.
Die Weißweine werden in Edelstahltanks ausgebaut, die Rotweine in kleinen und großen Eichenfässern, die nach überlieferter Holzfassküfer-Tradition hergestellt wurden und teilweise schon Jahrzehnte alt sind.
Am Anfang jeden Weinjahres hat Gerhard Stich ein Ziel: den bestmöglichen Wein zu produzieren.
Dieser spannenden Herausforderung stellt er sich, und um sie besser zu meistern, engagiert sich Gerhard Stich bei den Weinmachern von „Frank & Frei". Insgesamt 17 Winzer haben sich hier zusammengefunden, um aus ihrer gemeinsamen Erfahrung heraus die Qualität des Frankenweins zu steigern.
Der Erfolg der Weine aus der „Frank & Frei Collection" hat sich mittlerweile in ganz Deutschland herumgesprochen.
Diese Liebe und Leidenschaft für den Wein und die Natur sind der Garant für die gleichbleibend hohe Qualität der Produkte.
Für Gerhard Stich ist Wein eine Kostbarkeit der Natur, und das schmeckt man aus jeder Flasche heraus.

LANDHAUS ADLER

**Gasthof
Landhaus Adler**
Evelyn und Norbert Bachmann

Hauptstraße 30
63927 Bürgstadt

Telefon 0 93 71 / 97 88 0
Telefax 0 93 71 / 97 88 60

Gute Gastronomie lebt von den Menschen, die sie betreiben. Im besten Falle verbessert sie sich von Generation zu Generation. Sie baut auf auf dem, was immer gut sein wird. Und, sie entwickelt sich weiter.
So heißen die Wirte im Gasthof ADLER in Bürgstadt Meisenzahl und Bachmann. Seit nunmehr fast 100 Jahren.
In der jetzigen dritten Generation sind es Evelyn und Norbert. Von diesem Duett lebt das Haus. Sie, immer fröhlich präsent, beim Empfang der Gäste genauso wie beim Öffnen eines heimischen Spätburgunder.
Er, eher im Hintergrund, dort, wo's richtig heiß her geht: Während einiger Wochen in der hauseigenen Brennerei, wo das Streuobst in der Brennblase seinen Duft verbreitet, und natürlich in der Küche.
Rouladen liebt er, natürlich vom Bürg-stadter Kalb, und Wildschweinmedaillons in Burgundersauce.
Da passt es, dass die Bachmanns mit einem Jäger befreundet sind, der, je nach Jahreszeit, liefert, was Spessart und Odenwald anzubieten haben.

BÜRGSTADT

So war es nur konsequent, dass Bayerisches Wirtschaftministerium und Bayerischer Hotel- und Gaststättenverband sowie die Tourismusverbände den Gasthof Adler für die „beste, regionale Küche" und Gastlichkeit ausgezeichnet haben.

Denn die Pilze, das Gemüse und die Salate kommen direkt von Wald und Feld in den Topf und auf den Teller, genauso wie die heimischen Fischarten, der Bachsaibling, der Zander und die Lachsforelle aus dem Main und unterfränkischen Weihern. Tradition heißt, seine Wurzeln zu erkennen. Zu erkennen, dass Holz in einer Gaststube Behaglichkeit verströmt, 1911 genauso wie im Jahre 2005.

Familiär und kommunikativ wird der Gasthof Adler immer bleiben, heute mit rotem Salon Churfranken, Garten-wirtschaft, Öko Landhaus, Sauna, Solarium und hauseigener Masseurin. Morgen mit Theresa Bachmann, 18 Jahre jung, zur Zeit Auszubildende im Hotelfach in einem großen Vier-Sterne-Haus, die noch weltweit Erfahrung für zu Hause sammeln kann.

Bachsaiblingfilet mit Gemüseschuppen und Kräutern im Pergament gedünstet

Zutaten

600 g Bachsaiblingfilet
je 200 g Karotten und Zucchini
Olivenöl
Zitronensaft
Majoran, Thymian, Blattpetersilie
Pergamentpapier

Zubereitung

Pergamentpapier in der Mitte mit Olivenöl bestreichen. Saiblingsfilets mit Zitrone, Salz, Pfeffer würzen, mit der Hautseite nach unten auf das Papier legen. In Scheiben geschnittene Karotten und Zucchini als Schuppen auf den Filets anordnen. Kräuter darauf legen und alles mit Zitronensaft beträufeln. Pergamentpapier verschließen. Päckchen im vorgeheizten Ofen bei mittlerer Hitze ca. 15 Minuten garen. Fisch und Gemüse werden im eigenen Saft gegart, dadurch wird das Eigenaroma bewahrt. Als Beilage sind Salzkartoffeln oder Reis geeignet.

FRÄNKISCHE KÜCHE

Wer in Franken hungrig vom Tisch aufsteht, ist selbst schuld. Unter so vielen Köstlichkeiten ist es eigentlich unmöglich, nicht das Passende zu finden. Bis weit über die Grenzen Frankens hinaus ist die Fränkische Bratwurst bekannt. Sie kann getrost als fränkisches „Nationalgericht" bezeichnet werden. Ob auf Kirchweihen, bei Fußballspielen, privaten Partys oder am Imbiss in der Fußgängerzone, die Fränkische Bratwurst ist allgegenwärtig. Mit einer ordentlichen Prise Majoran und anderen aromatischen Gewürzen wird das relativ grobe Brät angereichert und anschließend in Naturdärme gefüllt. Frisch vom Grill oder aus der Pfanne schmeckt sie einfach unvergleichlich, und flexibel ist die Fränkische Bratwurst auch: Es gibt sie gebraten oder als so genannte Blaue Zipfel. Letztere sind in einem Essigsud mit Zwiebeln und Gewürzen im Topf gegart, eine Scheibe Bauernbrot oder ein Weckla (Semmel) passen am besten dazu. Zur gebratenen Bratwurst gehören Sauerkraut, Senf und Brot oder ein Weckla. Köstlich schmeckt sie aber auch mit Kartoffelsalat und frischem Meerrettich. Die Nürnberger Rostbratwürste sind zwar ziemlich klein und aus feinerem Brät als die fränkischen, dafür werden einige mehr davon ins Weckla gezwängt und mit mittelscharfem Senf verfeinert.

FRÄNKISCHE KÜCHE

Wer es eher auf große Bratwürste abgesehen hat, der findet in Coburg die größten Grillwürste Frankens.

Im Wirtshaus gibt es zwar auch Bratwürste, aber viele Franken bevorzugen einen gut gewürzten Braten mit Klößen.

Den ersten Platz unter den gebratenen Spezialitäten nimmt unbestritten das Schäufele ein, ein herzhaftes, saftig am Knochen gebratenes Schulterstück vom Schwein. Dazu gehören Sauerkraut und Klöße. Köstlich auch ein Fränkischer Sauerbraten, der im Gegensatz zum Rheinischen Sauerbraten ohne Rosinen zubereitet wird. Aber die gut gewürzte Lebkuchensoße lässt keine Wünsche offen. Ein wahres Festessen in Franken ist auch das Krenfleisch. Dafür wird eine Ochsenbrust schonend in Brühe gegart, die Begleitung ist eine würzige Sahnesoße mit frisch geriebenem Meerrettich, der vor allem in der Gegend um Baiersdorf geerntet wird. Dazu passen Salzkartoffeln oder auch Weißbrot. Eine besondere Stellung nehmen auf Fränkischen Speisekarten auch die typischen Fischgerichte ein. In Monaten mit „r" gibt es fast überall Karpfen. Serviert wird er halbiert und gebacken oder im Ganzen und blau, dazu reicht man Kartoffelsalat oder Petersilienkartoffeln.

Wunderbar schmeckt auch die berühmte Forelle nach Müllerin-Art, garniert mit zerlassener Butter, frischem Meerrettich und gekochten Kartoffeln. Die Fränkische Küchentradition prägt bis heute sogar die Ortsbilder. In vielen Dörfern stehen noch die alten, gemauerten Brotbacköfen an den Straßen. Viele werden leider nicht mehr genutzt, aber einige heizt man immer noch regelmäßig mit Feuerholz ein, um das urige Fränkische Bauernbrot darin zu backen. Wenn man miterlebt, wie die dampfenden, knusprigen Laibe mit dem Brotschieber aus dem Ofen geholt werden, lohnt es sich in jedem Fall zu fragen, ob man eines davon kaufen kann. Außer ein bisschen Butter und vielleicht einer kleinen Prise Salz braucht man für diese Köstlichkeit keinen Belag! Früher nutzte man auch die Restwärme des Steinofens: Nachdem das Brot ausgeräumt

war, schob man Kuchen, süße oder herzhafte Aufläufe in die heiße Backkammer, wo sie dann energiesparend gebacken wurden.

Mancherorts hat sich diese Tradition sogar bis in die heutige Zeit erhalten.

SEEHOTEL

Am ruhigen, schilfbestandenen See vor den Toren Niedernbergs liegt das familiär geführte Privathotel, das wie ein historisch gewachsenes Dorf wirkt. Harmonisch fügt es sich mit individuell gestalteten Häusern und Terrassen in die Seenlandschaft ein und verspricht Ruhe und Erholung vom Alltag.

An der Rezeption öffnet sich ein moderner, großzügiger Raum, der an der Hotelbar vorbei zu einem langen, lichtdurchfluteten Flur führt. Dort sind Arbeiten lokaler Künstler zu sehen, die das Ambiente des Seehotels gerne für ihre Vernissagen nutzen. Insgesamt 71 gemütliche Zimmer bietet das Seehotel, das auch kulinarisch ein Highlight ist. Auf die Restaurants können beide Direktoren mit Recht stolz sein: Im Gourmet-Restaurant „Don Giovanni" mit nur sieben Tischen in mediterranem Ambiente geben originalgetreue Wandfresken dem gemütlichen Raum eine unverwechselbare Note. Der Gast kann sich zum Beispiel mit einem Kotelett vom Rebhuhn auf Rotkohlreiberdatschi und Mandel-Rosinen-Crème fraîche verwöhnen lassen. Es folgt ein raffinierter Cappuccino von weißem Trüffel und Schalotten mit Flammkuchen und danach eine zarte Seezunge an der Gräte gebraten mit Parmaschinken, Pinienkernbutter und Roquette-Risotto.

So viel Kreativität spricht für das Können und die Leidenschaft des Küchenchefs Marco Wanke.

Er hat sich weltweit nach besten Zutaten und Zubereitungsarten umgesehen und unter anderem auch für Kempinski gekocht. Das direkt am See gelegene Terrassenrestaurant „Rivage" überrascht jeden Mittwoch mit seinem beliebten Themenbüffet.

À la carte gibt es hier immer Regionales, aber auch gehoben Internationales. Sensationell zum Beispiel die Kräuter-Spaghetti mit tomatisierter Tintenfisch-Bolognese und Wildkräutersalat.

Kulinarisch bleiben im Seehotel keine Wünsche offen, hier werden Zutaten von bester Qualität phantasievoll und gekonnt zubereitet. Dazu lagern im gut sortierten Weinkeller erlesene Frankenweine.

Kein Wunder, dass auch viele Brautpaare sich dieses Paradies aussuchen, um den schönsten Tag ihres Lebens zu feiern.

In der hoteleigenen Kapelle kann man sich standesamtlich trauen lassen, bevor man sich und seine Gäste in die erfahrenen

Seehotel Niedernberg

Leerweg
63843 Niedernberg

Telefon 0 60 28 / 99 90
Telefax 0 60 28 / 99 92 22

NIEDERNBERG

Hände des aufmerksamen Seehotel-Teams gibt. Auch Seminare können unter professionellen Bedingungen im Seehotel abgehalten werden.
Im Untergeschoss lockt die „vital-Oase", ein

großzügig angelegter Wellness-Bereich. Ob Schwimmbad, Sauna oder Dampfbad, hier findet der Erholungsuchende alles, was er zum Entspannen braucht.
Das Seehotel mit seinem internationalen Flair versteht es, seinen Gästen einen unvergesslichen Aufenthalt zu bereiten.

Spieß von Jakobsmuschel und Vanille an Limettenspaghetti mit Tomaten-Pinienkernbutter

Zutaten
2 getr. Vanillestangen, halbiert, ausgeschabt
8 Jakobsmuscheln (ohne Schale und Rogen)
Milch
Gewürze (Koriander, Pfeffer, Wacholderbeeren, Sternanis)
Salz, Pfeffer, Zitrone
Olivenöl und Butter zum Braten

Für die Nudeln:
100 g Mehl
Limettensaft
1 Ei, 1 Eigelb
25 g Maisgrieß, etwas Olivenöl
Salz, Butter

Für die Soße:
0,2 l Tomatesaft
30 g Schalotten
4 cl Pernod
30 g Pinienkerne, in Olivenöl geröstet
50 g kalte Butterwürfel
frischer Koriander
Salz, Pfeffer, Muskat, Zucker

Für die Garnitur:
4 frittierte, getrocknete Fenchelscheiben
alter Balsamicoessig

Jakobsmuscheln 1 Tag in Milch und Gewürzen marinieren; herausnehmen und abtropfen lassen. Je 2 Muscheln auf 1 Vanillestange spießen; mit Salz, Pfeffer und Zitrone würzen. In heißer Teflonpfanne mit Olivenöl 2 Minuten braten. Kurz vor Schluss die Butter zugeben. Für Nudeln alle Zutaten zu Teig verkneten. 2 Stunden ruhen lassen. Mit einem Nudelholz dünn ausrollen, in feine Streifen schneiden. Nudeln in Salzwasser mit Olivenöl und Limettensaft bissfest kochen, mit kaltem Wasser abschrecken. Nochmals in einer Sauteuse mit Butter und Limettensaft anschwitzen, mit Salz und Pfeffer würzen. Für die Soße die Schalottenwürfel in Butter anschwitzen, mit Pernod ablöschen. Tomatensaft zugeben, aufkochen. Mit Gewürzen abschmecken und gerösteten Pinienkerne zugeben. Bei reduzierter Hitze Butter zugeben und damit die Soße binden - sie sollte nicht mehr kochen. Koriander in feine Streifen schneiden, zum Schluss unterrühren. Nudeln mit einer Fleischgabel aufdrehen und in der Mitte eines vorgewärmten Tellers anrichten. Den Jakobsmuschelspieß darauf legen, mit der Soße nappieren. Mit Fenchel und Balsamicoessig garnieren.

HOFGUT HÖRSTEIN

Hofgut Hörstein

Schloßplatz 4
63739 Aschaffenburg
Telefon 0 60 21 / 2 78 50
Telefax 0 60 21 / 2 36 62

Hotel Restaurant Käfernberg

Mömbriser Straße 7-9
63765 Alzenau-Hörstein

Telefon 0 60 23 / 94 10
Telefax 0 60 23 / 94 11 15

Den Grundstein legte der Großvater Adam Dreßler, der sich in den 1960er Jahren mit einem Weinberg seinen Traum erfüllte. Ihn verband eine enge Freundschaft mit dem damaligen Leiter der Bayerischen Landesanstalt für Wein- und Gartenbau in Veitshöchheim. Dieser konnte Dreßler davon überzeugen, neue Züchtungen zu pflanzen und Dreßler bewies bei der Auswahl der Weinberge eine glückliche Hand: Aufgrund der Südwestlage des Weinberges haben die Reben genügend Sonne und können sich gut entfalten.

Petra Hein führt das Weingut nun in der dritten Generation. Die zierliche Winzerin und ihr Gutsverwalter Udo Karg keltern aus den Reben des Hörsteiner Reuschbergs edle Tropfen, die in der ganzen Region beliebt sind. Die Hauptsorten Spätburgunder und Müller-Thurgau haben klare Bouquets und verfügen über eine frische Fruchtigkeit. Die Weißweine des Hofguts Hörstein haben etwas mehr Säure. Grund dafür ist der Urgestein-Verwitterungsboden, der dem Wein des Hofguts seine Eleganz verleiht. Ausgebaut werden die Hörsteiner Weine im Keller des Schlosses Aschaffenburg. Im alten Gemäuer herrschen ideale Bedingungen, die Temperatur ist fast immer gleich, der Weißwein gärt hier langsam und das betont schließlich seine Fruchtigkeit. Ideal ist dies auch für die Rotweine, die in Eichenfässern ausgebaut werden.

Um einen der Weine in stilvollem Ambiente zu probieren, empfiehlt sich ein Besuch im Hotel Restaurant Käfernberg. Ab Ende 2006 kann man die edlen Tropfen auch im historischen Abtshof in Hörstein probieren, denn im alten Kelterhaus wird gerade eine Vinothek eingerichtet, in der nicht nur Weinproben, sondern auch kulturelle Veranstaltungen stattfinden werden.

Für ihre Kunden hat sich Petra Hein ein Schmankerl einfallen lassen: Den Geburtstagsrebstock. Weinkenner können einen Weinstock aus der Lage „Flur Königsberg" für ein Jahr erwerben oder verschenken. Von der Ernte erhält der „Eigentümer" drei bis sechs Flaschen eines herrlichen, schmelzigen Weißburgunders. Den „eigenen" Weinstock kann man natürlich jederzeit begutachten. Eine schöne Idee für ein kreatives Geschenk.

HOTEL RESTAURANT KÄFERNBERG

Der „Käfernberg" liegt mit Blick ins Main-Tal an den sanften Hängen des Vorspessarts. Die ehemalige Weinlage gab dem Hotel-Restaurant seinen Namen und einen herrlichen Ausblick. Die Ausflugsgaststätte von 1955 hat sich mittlerweile zu einem familiären Hotel und Restaurant entwickelt, das weit über die Grenzen Alzenaus hinaus einen hervorragenden Ruf genießt. Geführt wird es heute von den Geschwistern Edda Hein-Barnetzki und Joachim Hein.
Im Käfernberg lebt man die Weinkultur und bietet mit gelungenen Kombinationen aus edlen Tropfen und köstlichen Speisen eine genussreiche Harmonie. Die Gäste des Hotel-Restaurant Käfernberg sollen sich wie bei guten Freunden heimisch und zu Hause fühlen. Und wer im Sommer kommt, der kann einen der schönsten Sonnenuntergänge in der Umgebung genießen.
Besonders bemerkenswert sind Weinmenüs und Weinbergswanderungen mit Umtrunk im Hörsteiner Weinberg, die auch für kleinere Gruppen angeboten werden.

Jakobsmuscheln, Lauch-Spinat-Gemüse & Safranschaum

Zutaten

6 große Muscheln
400 g Spinat
1/4 Stange Lauch
Salz, Pfeffer aus der Mühle, Muskat
Butter, Olivenöl, etwas Wasser
Salz, weißer Pfeffer aus der Mühle
etwas Zitronensaft.

Für den Safranschaum:

einige Safranfäden
5 cl Fischfond
250 ml Sahne,
50g Butter
etwas Weißwein
Salz, weißer Pfeffer

Zubereitung

Spinat, Lauch waschen, in Streifen schneiden. Lauch in etwas Wasser, mit Salz, Pfeffer, Muskat, Butter andünsten, dazu Spinat geben, kurz fertig dünsten. Die Muscheln (ohne Corai und Muskel) in 12 Scheiben schneiden und in Olivenöl auf beiden Seiten rasch anbraten. Mit Pfeffer, Salz, ein paar Zitronensafttropfen würzen. Sahne, Fischfond etwas reduzieren lassen, mit Pfeffer, Salz, Weißwein abschmecken. Butter, Safranfäden hinzugeben, mit dem Zauberstab aufschäumen. Lauch-Spinat-Gemüse abtropfen lassen, auf Teller anrichten, mit den Scheiben von Muscheln umlegen, mit Safranschaum verzieren.

Guten Appetit wünscht Küchenchef Joachim Hein.
Dazu empfiehlt Weinspezialistin Edda Hein-Barnetzki einen 2004er Hörsteiner Reuschberg, Weißburgunder Kabinett, Trocken, ein mineralischer Weißwein mit einer fein eingebundenen Säure, vom Hofgut Hörstein.

SCHLOSSBERG

Hotel Restaurant Schlossberg

(in den Weinbergen)

63755 Alzenau

Telefon 0 60 23 / 9 48 80
Telefax 0 60 23 / 9 48 813

Wer eine Weltreise auf dem Teller machen möchte, der ist im Hotel Restaurant Schlossberg in Alzenau genau richtig. Hier bekommt der Gast Gaumenfreuden geboten, die er sonst fast nirgendwo findet. Das Schlossberg hat sich in den vergangenen Jahren zu einem Gourmettempel der Extraklasse entwickelt. Und das mit einem Ambiente, das seinesgleichen sucht. Mehrere Auszeichnungen hat das Schlossberg mittlerweile eingeheimst, u.a. von der Zeitschrift „Feinschmecker" und von Gault Millau. Das Restaurant liegt idyllisch inmitten von Weinbergen im nördlichen Zipfel Frankens und bietet einen herrlichen Ausblick auf die sanften Hügel des nahen Rhein-Main-Gebiets. Bei gutem Wetter kann man vom stilvoll eingerichteten Panorama-

ALZENAU

Restaurant oder von der überdachten Sonnenterrasse auch die Skyline der Finanzmetropole Frankfurt sehen.

Die Karte präsentiert eine ausdrucksstarke, junge und innovative Küche. Die Mannschaft ist offen für Einflüsse aus aller Welt und inspiriert von der Vielfalt der Natur und ihren Produkten. Anregungen von den Küchen der Schweiz, Italiens, Frankreichs oder Asiens werden verarbeitet und dabei legt der Küchenchef nicht nur Wert darauf, dass es schmeckt, sondern möchte auch das Auge ansprechen. Er mag es farbenfroh und so gibt es zum Beispiel auch violette Kartoffeln, Fenchel in Safranfond und hin und wieder sogar einen Papageienfisch.

Frische ist oberstes Gebot in der Küche und deshalb arbeitet das Schlossberg nur mit handverlesenen Lieferanten aus der Region zusammen. Abgesehen davon stellt die Mannschaft das Brot, die Nudeln oder auch die Pralinen für die Desserts selbst her. Die Lachsforellen liefert der hauseigene Teich, frischer geht es nicht mehr.

Bei aller Internationalität in der Küche, im Weinkeller setzt man im Schlossberg auf Qualität aus Deutschland. Nur deutsche Weine werden zu den Speisen gereicht, besonders zu empfehlen ist dabei der „Wasserloser Schlossberg", sozusagen der Hauswein, denn er wird aus den Trauben der eigenen Weinberge gekeltert.

Ein Blick hinter die Kulissen des Hotel Restaurants mag den einen oder anderen erstaunen. Denn hier hat die Jugend das Zepter übernommen. Küchenchef Florian Nolting ist der älteste Mitarbeiter, noch vor dem Chef des Hauses Mathias Reising, und das im vergleichsweise zarten Alter von 27 Jahren! Florian Nolting kann aber bereits auf einen reichhaltigen Erfahrungsschatz und vor allem auf eine hervorragende Ausbildung zurückblicken. Gelernt hat er im Waldhaus in Rottendorf; danach ging es weiter nach Nürtingen in die Ludwigshöhe, beides Häuser mit jeweils einem Stern. Und auch bei Nolting selbst wird es wohl nicht mehr lange dauern, bis er sich mit einem Stern schmücken darf, wenn er ihn nicht mittlerweile schon hat. Seine rare Freizeit verbringt er oft am Herd, um neue Gerichte zu erfinden.

Den Überblick im Restaurant behält Julia Keller, die Lebensgefährtin von Mathias Reising. Sie ist verantwortlich dafür, dass der Service zwar perfekt, aber nicht übertrieben steif ist. Die Ober sollen, trotz aller Klasse des Hauses, nicht vornehmer sein als die Gäste.

„Qualität statt Quantität" war die Devise während des Hotelumbaus 1997. So blieben von 31 Zimmern nach dem Umbau noch 18 erhalten. Diese wurden sehr großzügig und modern, mit viel Liebe zum Detail ausgestattet.

Der jugendliche Elan der Truppe um Mathias Reising hat sich ausgezahlt, dafür spricht vor allem die große Anzahl an Stammgästen, die immer wieder nach Alzenau kommen, um ihren Gaumen auf besondere Weise kitzeln zu lassen.

LANDGASTHOF BEHL

Wer vollendeten Genuss erleben will, der muss oft lange nach dem richtigen Ort suchen. Das kleine Blankenbach in der Nähe von Aschaffenburg ist ein Tipp, den der Gourmet auf jeden Fall beherzigen sollte. Direkt am Bahnhof findet man den Landgasthof Behl, ein Restaurant, das allerdings mit den üblichen Bahnhofskneipen rein gar nichts gemein hat, im Gegenteil. In dem stilvoll eingerichteten Restaurant wird der Gast mit gehobener regionaler Küche verwöhnt. Aber nicht nur das, hier hat er unter Umständen sogar Einfluss auf die Gestaltung der Speisekarte. Denn der Wirt und Küchenchef Gerhard Behl spricht mit seinen Gästen, und dabei belässt er es nicht bei der Frage, ob es geschmeckt hat. Behl ist offen für alle Anregungen seiner Gäste und er verarbeitet sie, sofern sie seinen geschmacklichen Ansprüchen genügen. Doch beim Blick auf die regelmäßig wechselnde Karte fällt es schwer, noch Verbesserungsvorschläge zu machen. Da findet man beispielsweise ein Carpaccio vom Saibling an Feldsalat oder eine Gänseconsommé mit gefüllten Morcheln. Hervorragend auch das Beste vom Spessartreh mit Steinpilzen und Rosenkohlflan und der weich gratinierte Ziegenkäse mit Wildblütenhonig. Zum Dessert gibt es dann ein wunderbares Capuccino-Törtchen, nach einem solchen Menü bleiben eigentlich kaum noch Wünsche offen. Gerhard Behl hat sich 1982 mit dem Gasthof einen Lebenstraum erfüllt. Er ist Koch mit Leib und Seele. Dazu gehört natürlich auch, dass er ausschließlich frische Produkte von bester Qualität verwendet, die meist auch aus der Region stammen. Der Wert eines guten Essens hängt aber nicht nur von der Qualität der Speisen ab, sondern auch von der gelungenen Kombination mit anderen Genüssen wie einem guten Schnaps. 1994 hat Gerhard Behl im alten Fasslager des Hauses die frühere Brennerei wieder aufgebaut und bietet seinen Gästen seither hervorragende Brände an, die er in Kooperation mit dem Brenner Josef Dirker

Landgasthof Behl

Krombacher Straße 2
63825 Blankenbach

Telefon 0 60 24 / 47 66
Telefax 0 60 24 / 57 66

BLANKENBACH

herstellt. 1995 folgte der Wiederaufbau der Destille; dabei wurde die Idee für Brennvorführungen, Schnapsproben und die mittlerweile legendären Brennmenüs geboren: Fünf-Gang-Menüs, bei denen zu jedem Gang ein Destillat gereicht wird, allerdings nur ein kleiner Probebrand. Die Destille wurde zu einem Gastraum ausgebaut und eignet sich auch hervorragend für private Feste. Seit 1998 finden dort auch regelmäßig die so genannten Kabarett-Dinner statt: Abende mit Künstlern wie Sängern oder Humoristen und einem Fünf-Gang-Gourmetmenü, das ein Wechselspiel der Sinne bietet, vom feinen Gaumengenuss zum Angriff auf die Lachmuskeln, oder, je nach Programm, zum Amüsieren oder Nachdenken. Nicht nur die Speise-, auch die Weinkarte kann sich sehen lassen. Der Landgasthof Behl verfügt über eine große, gut gepflegte Weinkarte mit etwa 150 verschiedenen Weinen zu sehr moderaten Preisen.
Der Wein ist das Steckenpferd von Beate Behl. Gemeinsam bieten die Behls auch kulinarische Weinabende oder Blindverkostungen an. Ab Sommer 2006 kann der Gast dann auch im Landgasthof Behl übernachten. Dann werden die insgesamt 15 Zimmer fertig sein und man muss einen genussreichen angenehmen Abend nicht auf der Fahrt nach Hause ausklingen lassen, sondern kann sich entspannt zur Ruhe legen.

Rehrücken mit Holunder-Quittensoße

Zutaten
800 g Rehrückenfilet
12 Scheiben roh geräucherter, durchwachsener Speck
Salz, Pfeffer
2 EL Pflanzenöl
200 ml Wildfond
Für die Holunder-Quittensoße:
250 g Holunderbeeren
120 g Quitten, geschält und in Spalten geschnitten
150 ml Rotwein
60 g Zucker
1 kleines Stück Schale von einer unbehandelten Zitrone
2 cm Zimtstange, 1 Nelke
1/2 TL Speisestärke
Küchengarn
Zitronenmelisse zum Garnieren

Zubereitung
Filet in 12 gleich große Stücke schneiden. Mit Schnittfläche nach unten auf Arbeitsfläche legen, jeweils mit einer Scheibe Speck umwickeln. Mit Garn fixieren. Für Soße in einem Topf Wein, Zucker, Zitronenschale, Zimtstange, Nelke zum Kochen bringen. Holunder zugeben, erneut unter Rühren aufkochen lassen. Quitten einlegen und alles weitere 15 Min. bei schwacher Hitze köcheln lassen. Schaum abschöpfen. Speisestärke mit kaltem Wasser anrühren, Soße damit binden. Medaillons salzen, pfeffern, in Öl ca. 5-8 Min. von beiden Seiten braten. Herausnehmen, warm halten. Fond in Pfanne gießen, Bratsatz unter Rühren loskochen. Die Soße reduzieren, durch Sieb passieren, nach Bedarf binden, abschmecken. Von Medaillons Garn entfernen. Bratsatz auf Teller verteilen, je 3 Medaillons darauf arrangieren. Soße daneben anrichten, mit Zitronenmelisse garnieren. Als Beilage passen Spätzle oder Semmelknödel.

SCHLOSS SAALECK

Majestätisch thront das Schloss Saaleck über dem romantischen Städtchen Hammelburg. Bei einer Fahrt auf den steilen Schlossberg wird man mit einzigartigen Ausblicken belohnt. Oberhalb des barocken „Kloster Altstadt", in dem seit 1980 auch die Bayerische Musikakademie zu finden ist, eröffnet sich dem Gast eine wunderschöne Burganlage. Durch einen beeindruckenden Torbogen erreicht man das Hauptgebäude mit dem Restaurant, dem Reich von Ewald Hupp. Hier verschmelzen das historische geradlinige Ambiente und die bodenständige Küche zu sinnlicher Harmonie. Im gesamten Schloss finden sich Kunstwerke des Hammelburger Malers Robert Höflinger, sie geben den bewusst authentisch erhaltenen Räumen eine besondere, edle Note. Der Küchenchef verwöhnt seine Gäste am liebsten mit altunterfränkischen Spezialitäten. Auf den Tisch kommen köstlich zubereitete Wachteln, zartes Kalbsbries, gekochte Kalbszunge oder gekonnt zubereitete Innereien, Gerichte, die sonst auf keiner Speisekarte zu finden sind. Außerdem genießt die Fischküche Ewald Hupps einen hervorragenden Ruf. Das Schloss Saaleck engagiert sich auch bei den Bad Kissinger Genusswelten, einer kulinarischen Vereinigung von ambitionierten Köchen, die ihren Gästen Lust auf regionale Köstlichkeiten machen will. Ob Saiblinge aus der Rhön, Zander aus dem Main, Waller vom Mainfischer oder die typischen „Meefischli", fränkische Sprotten, Hupp legt Wert auf absolute Frische und Top-Qualität.

Eine der vielen Möglichkeiten für ein stimmungsvolles Menü im historischen Ambiente von Schloss Saaleck wäre: Terrine von Rebhuhn und Fasan mit Feldsalat, gefolgt von einer Hammelburger Mostsuppe mit Zimtkrüstle, danach als Fischgericht ein Waller aus dem Wurzelsud auf Rote-Beete-Meerrettichsoße; Den Zwischengang bildet ein köstliches Sorbet von schwarzen Johannisbeeren. Es folgt das wunderbare Rehfilet im Crèpemantel auf Birnenblaukraut mit Soße vom Spätburgunder mit „Guglhupf von Weck und Speck"; Zum krönenden Abschluss serviert der Küchenchef warmen Ziegenkäse auf Zwetschgenkompott und eine zart schmelzende Creme von der Ortegatraube. Bei dieser phantasievollen Kombination von Köstlichkeiten spürt man die große Leidenschaft und das Können Ewald Hupps. Für den passionierten Koch gibt es kein größeres Vergnügen, als seine Gäste mit dem Besten, was die Region zu bieten hat, zu verwöhnen. Dazu gehören auch die ausgezeichneten Weine aus der Region um Schloss Saaleck. In den historischen Kellern des Schlosses lagern die Weine des städtischen Weinguts. Im Schloss selbst werden die Trauben der umliegenden Berge auch professionell ausgebaut. Bei speziellen Führungen können die Besucher die Weinberge und die Produktion genau besichtigen und erleben, was den Saalecker Wein so besonders macht. Der malerische Charme der Festungsanlage lockt das ganze Jahr über auch Hochzeitsgesellschaften zum Schloss Saaleck. Im historischen Trauungszimmer

Schloss Saaleck

Saaleckstraße 1
97762 Hammelburg

Telefon 0 97 32 / 20 20
Telefax 0 97 32 / 20 23

HAMMELBURG

vermählt ein Standesbeamter die glücklichen Paare, bevor die Hochzeit gebührend gefeiert wird.
Die Brautpaare können aber auch einen Empfang im romantischen Klosterhof des „Kloster Altstadt" organisieren lassen und sich in der beeindruckenden Klosterkirche das Ja-Wort geben.
Schloss Saaleck bietet 13 Zimmer mit 26 Betten, die auch während der Schlossfeste das ganze Jahr über gefragt sind. An Fronleichnam treffen sich die Hammelburger gerne zum Schlossweinfest, im Herbst zum Wein-Gourmetmarkt und vor Allerheiligen gibt es im Schloss das köstliche Halloween-Menü. Die kulinarischen Highlights des Jahres werden in Form eines Spargel-, Wild-, Gans- und Karpfenessens gefeiert und viermal im Jahr gibt es anspruchsvolle Theateraufführungen auf der schlosseigenen Freilichtbühne. Dazu serviert der Küchenchef das passende Menü zum Theaterstück.
Und in der Vorweihnachtszeit sollte man sich den stimmungsvollen Weihnachtsmarkt im beeindruckenden Schlosshof nicht entgehen lassen. Die sanften Lichter der kleinen, liebevoll gestalteten Stände machen auch den Winterabend zu einem unvergesslichen Erlebnis.

Gefülltes Rhöner Haustäubchen

Zutaten

4 Tauben (küchenfertig)
1 Zwiebel
2 Stangen Staudensellerie
1 große Karotte
1 TL Tomatenmark
0,5 l Kalbsfond
Salz und Pfeffer aus der Mühle
Thymian- und Rosmarinzweige
Spätburgunder
Öl

Für die Füllung:

1/8 l Milch
3 Brötchen
1 Schalotte
2 Eier
Muskatnuss
Salz
Blattpetersilie

Zubereitung

Milch erwärmen. Brötchen würfeln und mit warmen Milch übergießen. Schalotten in Butter anschwitzen, dünsten und zu den Brötchen geben. Petersilie waschen, schneiden, mit den Eiern unter die eingeweichten Brötchen mischen. Masse mit Salz, Muskatnuss würzen. Tauben mit Salz und Pfeffer würzen, mit der Masse füllen und in Öl anbraten. Tauben aus dem Öl nehmen und beiseite stellen. Gemüse klein schneiden und rösten, Tomatenmark, Thymian und Rosmarin zugeben. Mit Spätburgunder ablöschen und mit dem Kalbsfond auffüllen. Tauben in die Sauce legen und bei 170 °C circa 60 Minuten im Ofen braten. Die Tauben herausnehmen, die Sauce reduzieren, passieren, abschmecken. Als Beilage gebratenes Gemüse der Saison servieren.

KULINARISCHE EMPFEHLUNGEN

Alte Brennerei Wecklein 48
Ammannstraße 9
97450 Arnstein-Binsbach
Telefon 0 93 63 / 16 02
Telefax 0 93 63 / 14 24
brennerei@wecklein.de
www.wecklein.de

Arnsteiner Brauerei Max Bender 46
Schweinfurter Straße 9
97450 Arnstein
Telefon 0 93 63 / 9 09 10
Telefax 0 93 63 / 90 91 11
info@arnsteiner-brauerei.de
www.arnsteiner-brauerei.de

Behl 140
Landgasthof
Krombacher Straße 2
63825 Blankenbach
Telefon 0 60 24 / 47 66
Telefax 0 60 24 / 57 66
info@behl.de
www.behl.de

Beim Königshof 38
Gaststätte
Marthweg 200
90455 Nürnberg
Telefon 09 11 / 48 79 22
Telefax 09 11 / 48 79 35
koenigshof1@gmx.de
www.koenigshof-nuernberg.de

Bootshaus im Hain 58
Mühlwörth 18a
96047 Bamberg
Telefon 09 51 / 2 44 85

Burg Abenberg 30
Hotel-Restaurant
Burgstraße 16
91183 Abenberg
Telefon 0 91 78 / 98 29 90
Telefax 0 91 78 / 98 29 996
burg.abenberg@t-online.de
www.burg-abenberg.de

Das Weinhaus 94
Anton Nüßlein
Marktplatz 1
97475 Zeil am Main
Telefon 0 95 24 / 2 79
Telefax 0 95 24 / 2 79
info@weinhaus-nuesslein.de
www.weinhaus-nuesslein.de

Daucher 36
Hotel-Restaurant
Habsburgerstraße 9
90475 Nürnberg
Telefon 09 11 / 83 56 99
Telefax 09 11 / 83 60 53
info@hotel-daucher.de
www.hotel-daucher.de

Fürstliches Brauhaus 27
Ellingen
Schloss-Straße 19
91792 Ellingen
Telefon 0 91 41 / 9 78 60
Telefax 0 91 41 / 9 78 58
info@fuerst-carl.de
www.fuerst-carl.de

Goldener Löwe 72
Brauereigasthof
Kulmbacher Straße 30
95445 Bayreuth
Telefon 09 21 / 74 60 60
Telefax 09 21 / 4 77 77
info@goldener-loewe-bayyreuth.de
info@marmeladenhotel.de
www.goldener-loewe-bayreuth.de
www.marmeladenhotel.de

Goldener Stern 34
Gasthof
Königsplatz 12
91126 Schwabach
Telefon 0 91 22 / 23 35
Telefax 0 91 22 / 51 16
Trutschel.GoldStern@t-online.de
www.trutschel-goldstern.de

Haueis 80 Landgasthof Hermes 1 95352 Marktleugast Telefon 0 92 55 / 2 45 Telefax 0 92 55 / 72 63 info@landgut-hermes.de www.landgasthof-haueis.de	**Käfernberg** 137 Hotel Restaurant Mömbriser Straße 7-9 63765 Alzenau-Hörstein Telefon 0 60 23 / 94 10 Telefax 0 60 23 / 94 11 15 kaefernberg-hotel@t-online.de www.kaefernberg.com	**Landhaus Adler** 130 Gasthof Hauptstraße 30 63927 Bürgstadt Telefon 0 93 71 / 9 78 80 Telefax:0 93 71 / 97 88 60 info@gasthof-adler.de www.gasthof-adler.de

Haueis 80
Landgasthof
Hermes 1
95352 Marktleugast
Telefon 0 92 55 / 2 45
Telefax 0 92 55 / 72 63
info@landgut-hermes.de
www.landgasthof-haueis.de

Herrmann´s Romantik 86
Posthotel & Restaurant
Marktplatz 11
95339 Wirsberg
Telefon 0 92 27 / 20 80
Telefax 0 92 27 / 58 60
www.herrmanns-posthotel.de

HerzogsPark 50
Hotel
Beethovenstraße 6
91074 Herzogenaurach
Telefon 0 91 32 / 77 80
Telefax 0 91 32 / 4 04 30
RESERVIERUNG@HerzogsPark.de
www.HerzogsPark.de

Hetzel OHG 64
Brauerei
Frauendorf 11
96231 Bad Staffelstein
Telefon 0 95 73/ 64 35
Telefax 0 95 73/ 31 09 65

Hofgut Hörstein 136
Schloßplatz 4
63739 Aschaffenburg
Telefon 0 60 21 / 2 78 50
Telefax 0 60 21 / 2 36 62
nachricht@hofgut-hoerstein.de
www.hofgut-hoerstein.de

HVG Spalt e.G. 18
Hauptstraße 5
91174 Spalt
Telefon 0 91 75 / 7 88 88
Telefax 0 91 75 / 7 88 15
info@spalterhopfen.com
www.hvg-spalt.de
www.spalterhopfen.com

Käfernberg 137
Hotel Restaurant
Mömbriser Straße 7-9
63765 Alzenau-Hörstein
Telefon 0 60 23 / 94 10
Telefax 0 60 23 / 94 11 15
kaefernberg-hotel@t-online.de
www.kaefernberg.com

Kolb 92
Hotel-Restaurant
Krumer Straße 1
97475 Zeil am Main
Telefon 09524 / 9011
Telefax 09524 / 6676
hotel-kolb-zeil@t-online.de
www.hotel-kolb-zeil.de

Krone 122
Hotel Gasthof
Marktplatz 3
97996 Niederstetten
Telefon 0 79 32 / 89 90
Telefax 0 79 32 / 8 99 60
info@hotelgasthofkrone.de
www.hotelgasthofkrone.de

Landhaus Adler 130
Gasthof
Hauptstraße 30
63927 Bürgstadt
Telefon 0 93 71 / 9 78 80
Telefax:0 93 71 / 97 88 60
info@gasthof-adler.de
www.gasthof-adler.de

Magne Falkum 124
Tabakhaus
Hauptstraße 30
63897 Miltenberg am Main
Telefon 0 93 71 / 39 80
Telefax 0 93 71 / 6 97 23
info@falkum.de
www.falkum.de

Max Müller I 106
Weingut
Hauptstraße 46
97332 Volkach am Main
Telefon 0 93 81 / 12 18
Telefax 0 93 81 / 16 90
info@max-mueller.de
www.max-mueller.de

Neuses 98
Landhotel
Neuses am Sand 19
97357 Prichsenstadt
Telefon 0 93 83 / 71 55
Telefax 0 93 83 / 65 56
info@landhotel-neuses-sand.de
www.landhotel-neuses-sand.de

Nürnberger Altstadthof 40
Bergstraße 19-21
90403 Nürnberg
Telefon 09 11 / 44 98 59
Telefax 09 11 / 44 98 59
info@altstadthof.de
www.altstadthof.de

KULINARISCHE EMPFEHLUNGEN

Opel's Sonnenhof   76
Landgasthof
Pferch
95463 Bindlach
Telefon 0 92 08 / 6 58 20
Telefax 0 92 08 / 5 73 69
info@opels-sonnenhof.de

Peter   66
Privatbrauerei
Nordheimer Straße 14
97645 Ostheim / Rhön
Telefon 0 97 77 / 9 10 10
Telefax 0 97 77/ 14 53
info@bionade.de
www.bionade.de

Reuthof   84
Waldgasthaus & Pension
Reuthof
91282 Betzenstein
Telefon 0 92 44 / 3 10
Telefax 0 92 44 / 82 37
reuthof@reuthof.de
www.reuthof.de

Schafhof Amorbach   126
GmbH & Co. KG
Schafhof 1
63916 Amorbach
Telefon 0 93 73 / 9 73 30
Telefax 0 93 73/ 41 20
rezeption@schafhof.de
www.schafhof.de

Schlossberg   138
Hotel Restaurant
63755 Alzenau
Telefon 0 60 23/ 9 48 80
Telefax 0 60 23 / 94 88 13
schlossberg@reising-hotels.de
www.reising-hotels.de

Schlossbräustübl   28
Schloss-Straße 6
(direkt am Deutschordensschloss)
91792 Ellingen
Telefon 0 91 41 / 7 03 40
Telefax 0 91 41 / 92 31 38
www. Fürst-Carl.de

Schloss Saaleck   142
Hotel & Restaurant
Saaleckstraße 1
97762 Hammelburg
Telefon 0 97 32 / 20 20
Telefax 0 97 32 / 20 23
info@burgsaaleck.de
www.burgsaaleck.de

Schloss Steinburg   114
Hotel & Restaurant
Auf dem Steinberg
97080 Würzburg
Telefon 09 31 / 9 70 20
Telefax 09 31 / 9 71 21
hotel@steinburg.com
www.steinburg.com

Schwab`s Landgasthof   100
Bamberger Straße 4
97359 Schwarzach am Main
Telefon 09324 / 12 51
Telefax 09324 / 52 91
info@landgasthof-schwab.de
www.landgasthof-schwab.de

Schwenk-Saal   74
Gasthof
Pottensteinerstraße 12
95447 Bayreuth
Telefon 09 21 / 6 57 54
Telefax 09 21 / 6 41 32

Seehotel Niedernberg   134
Leerweg
63843 Niedernberg
Telefon 0 60 28 / 99 90
Telefax 0 60 28 / 99 92 22
mail@seehotel-niedernberg.de
www.seehotel-niedernberg.de

Sommerkeller   29
Sommerkellerweg 1
91792 Ellingen
Telefon 0 91 41 / 87 42 62
Telefax 0 91 41 / 87 42 63
www.sommerkeller-ellingen.de

Stadtbrauerei Spalt 22
Brauereigasse 3
91174 Spalt
Telefon 0 91 75 / 7 91 0

Stich Im Löwen 128
Weingut
Freudenberger Straße 73
63927 Bürgstadt
Telefon 0 93 71 / 57 05
Telefax 0 93 71 / 8 09 73
info@weingut-stich.de
www.weingut-stich.de

Tourismusverband Steigerwald 44
Hauptstraße 1
91443 Scheinfeld
Telefon 0 91 62 / 1 24 24
Telefax 0 91 62 / 1 24 33
info@steigerwald-info.de
www.steigerwald-info.de
www.bierstrasse.de

Tourist-Information 20
Stadt Spalt
Herrengasse 10
91174 Spalt
Telefon 0 91 75 / 7 96 50
Telefax 0 91 75 / 79 65 80
touristik@spalt.de
www.spalt.de
www.fraenkischeseen.de
www.nordic-fitness-fraenkischeseen.de

Waldsteinhaus 78
Waldstein 1
(Ausschilderung in Wald folgen)
95239 Zell
Telefon 0 92 57 / 2 64
Telefax 0 92 57 / 95 52 18

Will 60
Privater Brauereigasthof
Schederndorf 19
96187 Stadelhofen
Telefon 0 95 04 / 2 62
Telefax 0 95 04 / 2 83
brauerei.will@t-online.de
www.schederndorf.de

Zum Alten Schloss 82
Landidyll-Hotel-Restaurant
Kleedorf 5
91241 Kirchensittenbach
bei Hersbruck / Frankenalb
Telefon 0 91 51 / 86 00
Telefax 0 91 51 / 86 01 46
reservierung@zum-alten-schloss.de
www.zum-alten-schloss.de

Zum Falken 120
Landhaus
Tauberzell 41
91587 Tauberzell
Telefon 0 98 65 / 94 19 40
Telefax 0 98 65 / 94 19 426
info@landhaus-zum-falken.de
www.landhaus-zum-falken.de

Zur Krone 96
Gastwirtschaft
Brünnau 4
97357 Brünnau
Telefon 0 93 82 / 17 45
Telefax 0 93 82 / 31 47 00
zur-krone@bruennau-zur-krone.de
www.bruennau-zur-krone.de

Zum Lamm 110
Hotel Restaurant
Hauptstraße 76
97204 Höchberg
Telefon 0931 / 30 456 30
Telefax 0931 / 40 89 73
info@lamm-hoechberg.de
www.lamm-hoechberg.de

Zur Sonne 62
Brauereigasthof
Zaugendorfer Straße 4
96179 Mürsbach
Telefon 0 95 33 / 98 10 17
Telefax 0 95 33 / 98 10 19
gasthaus-schmitt@t-online.de
www.gasthaus-schmitt.de

Zum Stachel 112
Weinhaus
Gressengasse 1
97070 Wurzburg
Telefon 09 31 / 5 27 70
Telefax 09 31 / 5 27 77
webmaster@weinhaus-stachel.de
www.weinhaus-stachel.de

VERZEICHNIS DER REZEPTE

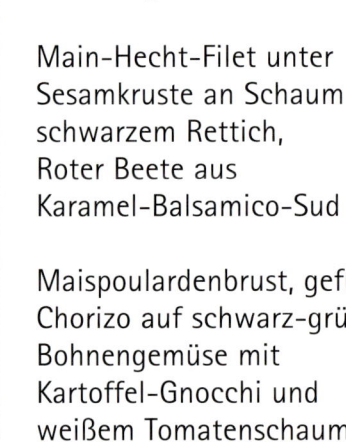

Forellenfilet mit Salzkartoffeln
auf Dillsauce 81

Fränkische Küchle 71

Grillen auf dem heißen Stein 85

Haustäubchen, Rhöner, gefüllt 143

Hirschrücken mit Dettelbacher
Muskazinenkruste und
Schokoladensoße 113

Hubertusteller 33

Jakobsmuschel-Delice
Crunchy Garnele und
Speckzander 115

Jakobsmuschel und Vanille
an Limettenspaghetti und
Tomaten-Pinienkernbutter 135

Jakobsmuscheln, Lauch-Spinat-
Gemüse & Safranschaum 137

Lammkarree, gefüllt, mit
gefüllter Zucchiniblüte 127

Lammrücken mit Rosmarin,
mediterranem Gemüse und
Kartoffelgratin 111

Main-Hecht-Filet unter
Sesamkruste an Schaum von
schwarzem Rettich,
Roter Beete aus
Karamel-Balsamico-Sud 97

Maispoulardenbrust, gefüllt mit
Chorizo auf schwarz-grünem
Bohnengemüse mit
Kartoffel-Gnocchi und
weißem Tomatenschaum 39

Bachsaiblingfilet mit Gemüse-
schuppen und Kräutern
im Pergament gedünstet 131

Bratwürste „Vier in Bier" 41

Matjes-Tiramisu	53	Weißbier-Cremeeis	73
Rehrücken mit Holunder-Quittensoße	141	Wildentenbrust auf Schupfnudeln und Orangensoße	123
Rehrücken auf Waldpilzrisotto mit Preißelbeersoße	35	Wildsau, Erec's Domina	93
Rehschäufele, geschmort	101	Wildschweinbraten	63
Riesengarnelen auf Weißwein-Vanille-Zwiebeln	87		
Seeteufel an der Gräte gebraten mit Muscheln und Fenchel in Safran-Gewürzsud	53		
Schweinefilet und Riesengarnelen in Kräutern gebraten mit Safranschaum und Balsamico	83		
Schäufele mit grünen Klößen und Schlappkraut	75		
Wallerfilet „Winzerin" auf Speck-Lauch-Gemüse mit Salzkartoffeln	77		

ISBN 3-86528-319-5

ISBN 3-86528-313-6

ISBN 3-86528-318-7

ISBN 3-86528-314-4

Kulinarische Entdeckungsreisen...
...durch die schönsten Urlaubsregionen

ISBN 3-86528-324-1

ISBN 3-86528-315-2

ISBN 3-86528-320-9

ISBN 3-86528-327-6

ISBN 3-86528-330-6

ISBN 3-86528-331-4

ISBN 3-86528-316-0

ISBN 3-86528-311-X

Im Frühjahr 2006 erscheinen...

ISBN 3-86528-328-4

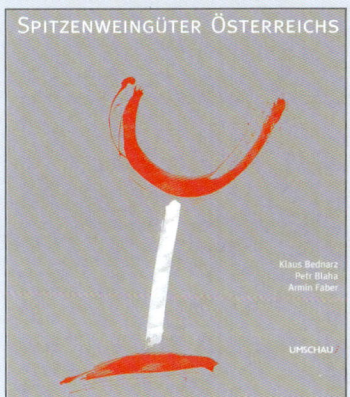

ISBN 3-86528-303-9
24,5 cm x 27 cm

ISBN 3-86528-317-9
24,5 cm x 27 cm

ISBN 3-86528-329-2
24,5 cm x 27 cm

Martine Maurer, Stefan Gergely
Wildküche Österreichs
212 Seiten, 400 Farbfotos, Rezepte und 1 Karte
ISBN-13: 978-3-86528-323-8
ISBN-10: 3-86528-323-3
€ (D) 29,90, € (A) 30,80, CHF 48,00

Claus Spitzer-Ewersmann, Max Mertens
**Cafés und süße Lebensart in Hamburg –
Trends und Traditionen**
152 Seiten, 300 Farbfotos, Rezepte und 1 Karte
ISBN-13: 978-3-86528-339-9
ISBN-10: 3-86258-339-X
€ (D) 29,90, € (A) 30,80, CHF 48,00

Andrea Mohr, Florian Bolk
**Trends und Lifestyle in Berlin und
Umgebung**
192 Seiten, 400 Farbfotos, Rezepte und 1 Karte
ISBN-13: 978-3-86528-342-9
ISBN-10: 3-86528-342-X
€ (D) 29,90, € (A) 30,80, CHF 48,00

Margit und Jürgen Wölfer, Doris Böhm und
Andreas Tauber
**Eine kulinarische Entdeckungsreise entlang
des Rheins – von Köln bis Bacharach**
296 Seiten, 550 Farbfotos, Rezepte und 1 Karte
ISBN-13: 978-386528-341-2
ISBN-10: 3-86528-341-1
€ (D) 34,90, € (A) 35,90, CHF 56,00

Peter Sawallich, Regina Jacobsen
Eine kulinarische Entdeckungsreise auf Sylt
184 Seiten, 350 Farbfotos, Rezepte und 1 Karte
ISBN-13: 978-3-86528-343-6
ISBN-10: 3-86528-343-8
€ (D) 29,90, € (A) 30,80, CHF 48,00

Petra Wagner, André Charles de Beaulieu
**Eine kulinarische Entdeckungsreise durch
den Chiemgau**
200 Seiten, 400 Farbfotos, Rezepte und 1 Karte
ISBN-13: 978-3-86528-333-7
ISBN-10: 3-86528-333-0
€ (D) 29,90, € (A) 30,80, CHF 48,00

Alle Titel erhalten Sie bei Ihrer örtlichen Buchhandlung. Für weitere Informationen über
unsere Reihe wenden Sie sich direkt an den Verlag:

UMSCHAU

Neuer Umschau Buchverlag | Theodor-Körner-Straße 7 | 67433 Neustadt/Weinstraße
Telefon 0 63 21/877-852 | Telefax 0 63 21/877-859
e-mail: info@umschau-buchverlag.de | www.umschau-buchverlag.de

IMPRESSUM

© 2006 Neuer Umschau Buchverlag GmbH, Neustadt an der Weinstraße

Alle Rechte der Verbreitung in deutscher Sprache, auch durch Film, Funk, Fernsehen, fotomechanische Wiedergabe, Tonträger jeder Art, Auszugsweisen Nachdruck oder Einspeicherung und Rückgewinnung in Datenverarbeitungsanlagen aller Art, sind vorbehalten.

Gestaltung, Satz und Reproduktion
fotografie & mediendesign Martina Braun, Petersaurach
www.farbeffekte.com

Texte
Ute Elsner-Link und Robert Link, München

Fotografie
fotografie & mediendesign Martina Braun, Petersaurach
www.farbeffekte.com

Lektorat
Monika Stumpf

Karte
Thorsten Trantow, Kenzingen

Herausgeberin
Katharina Többen, Neckargemünd

Druck und Verarbeitung
Nino Druck GmbH, Neustadt / Lachen-Speyerdorf

Printed in Germany
ISBN 3-86528-322-5

Die Ratschläge in diesem Buch sind von den Autoren und dem Verlag sorgfältig erwogen und geprüft, dennoch kann eine Garantie nicht übernommen werden. Eine Haftung der Autoren und des Verlages für Personen-, Sach- und Vermögensschäden ist ausgeschlossen.
Die Rezepte sind üblicherweise für 4 Personen ausgerichtet.

Besuchen Sie uns im Internet
www.umschau-buchverlag.de

Titelfotografie
Gericht zubereitet von Hartmut Paust, Landhotel Neuses, Prichsenstadt.
Wasserhäuschen, Ellingen

Wir bedanken uns für die uns freundlicherweise zur Verfügung gestellten Fotos bei:
Herrmann's Romantik Posthotel & Restaurant (S. 86 und S. 87); Weingut Max Müller I (S. 106, S. 107 oben links, oben rechts, Mitte, S. 108 rechts oben, Mitte, links unten); Schafhof Amorbach GmbH & Co. Kg (S. 127 oben); Schwab's Landgasthof (S. 100 unten rechts)

Wir bedanken uns bei Frau Gardyo Frühauf-Gollnek für den Text auf den Seiten 86 und 87.

Ute Elsner-Link

Robert Link

Martina Braun